21 世纪重点大学精品教材

基础会计学

（第 2 版）

主　编　马彦玲

副主编　田晓凤　杨　靖

经济管理出版社

图书在版编目(CIP)数据

基础会计学/马彦玲主编．—2版．—北京：经济管理出版社，2008.3

ISBN 978－7－5096－0179－2

Ⅰ．基… Ⅱ．马… Ⅲ．会计学 Ⅳ.F230

中国版本图书馆 CIP 数据核字(2008)第 017905 号

出版发行：**经济管理出版社**

北京市海淀区北蜂窝 8 号中雅大厦 11 层

电话：(010)51915602   邮编：100038

印刷：北京银祥印刷厂   经销：新华书店

组稿编辑：常亚波   责任编辑：刘红梅 常亚波

技术编辑：蒋 方   责任校对：龙 萧

787mm×960mm/16   12.75 印张   229 千字

2008 年 3 月第 2 版   2008 年 3 月第 2 次印刷

印数：7001－13000 册   定价：28.00 元

书号：ISBN 978－7－5096－0179－2/F·175

前　言

经济越发展，会计越重要，这已成为大家的共识。随着市场经济的深入发展和知识经济的初见端倪，会计作为国际通用的商业语言，其意义和作用越来越重大。著名经济学家、诺贝尔奖得主萨缪尔森曾说："我们正处在一个科技时代，同时也是一个会计时代，在这个时代里，掌握一些会计知识已成为人们的基本需求。"因此，培养全民的会计意识，学习和掌握一定程度的财务会计知识，这将有助于整个社会经济效益的提高和经济秩序的稳定，大大减少社会资源的浪费，培养良好的社会道德，促进物质文明和精神文明的双丰收。

本书根据 2006 年 2 月 15 日我国财政部颁布的 39 项企业会计准则，按照实用性、通用性、国际性、前瞻性的原则，对第 1 版进行了全面的修订。修订后的教材充分考虑市场上应用型人才的需求，面向会计专业学生就业的需要，突出应用性、可操作性。书中丰富的案例，为本书的使用者打开了方便之门。

本书的几位编者都是具有多年教学经验的高校教师，理论功底深厚，实践经验丰富。本书在编写的过程中，吸纳了不同版本会计学教材的优点，大家集思广益，积极投入，合理选材，大力补充新知识。但是，教材中难免会有疏漏之处，请读者提出宝贵意见。

本书由马彦玲同志担任主编，负责全书初稿的修改、补充和定稿。田晓凤和杨靖同志担任副主编。本书编写组成员及其分工如下：马彦玲编写第一章和第十章；田晓凤编写第二章、第三章、第四章和第五章；杨靖编写第六章、第七章和第八章；李宏编写第九章。

目　录

第一章　总　论

第一节　会计的含义、职能与目标

一、会计的产生和发展

人类要生存，社会要发展，就要进行物质资料的生产。生产活动一方面创造物质财富，取得一定的劳动成果；另一方面要发生劳动耗费，包括人力、物力的耗费。在一切社会形态中，人们进行生产活动时，总是力求以尽可能少的劳动耗费，取得尽可能多的劳动成果，做到所得大于所费，提高经济效益。为了达到这一目标，就必须对劳动过程进行组织和规划，同时对劳动耗费和劳动成果进行观察、计量、记录和计算，并将计算的结果与以往的结果或他人的结果进行比较和分析。这就是最早的管理，会计也是顺此要求而产生的。

会计的产生和发展经历了很长的历史时期。它是随着社会生产的发展和加强管理的要求而产生，并随着社会经济的发展和科学技术的进步而不断完善、提高的。作为一项记录、计算和考核收支的工作，会计无论在中国还是外国，都在很早以前就出现了。远在原始社会末期，人们为了具体掌握生产成果和安排生活需要，逐步产生了记数和计算的要求。但在文字产生之前，这种计算只是用"结绳记事"、"刻木记日"或凭头脑的记忆来进行的，此阶段可称为会计的萌芽阶段。最初的会计只是作为生产职能的附带部分，即由生产者在生产时间之外附带地把收入、支出等事项记载下来。只有当社会生产力发展到一定水平，出现剩余产品之后，它才逐渐地从生产职能中分离出来，成为一种独立的职能，并逐步形成了专门从事这一工作的专职人员。社会生产活动的发展，尤其是社会生产商品化程度的不断提高，使会计有了一个从简单到复杂、从低级到高级的不断发展过程。它记录的内容在不断丰富，记录的方法也在不断更新。

  会计作为一种管理形式和技术方法,在我国有着悠久的历史。远自上古时代,人们就懂得了会计工作的重要性。我国古代王朝都委任专职官员掌握钱粮、赋税、收支,进行"日成月计岁会",即每日的记录称为"日成",每月的计算称为"月计",每年的稽核称为"岁会"。这种记载,说明中国古代早就有了相当周密的会计制度和会计方法,为保护王朝财产和计算财政收支服务。我国古代,尤其在会计技术和方法方面,有着很深的研究,如对账簿的设置,从单一流水账发展成为"草流(也叫底账)"、"细流"和"总清"三账,一直使用到明清时期。对于会计结算方法,也从原始社会末期开始的"盘点结算法"发展成为"三柱结算法",即根据本期收入、支出和结余三者之间的关系,通过"入-去=余"的计算公式结算本期财产、物资的增减变化及其结果。到了唐宋时期,我国创建了相当科学的"四柱结算法",通过"旧管(即期初结存)+新收(即本期收入)-开除(即本期支出)=实在(即期末结存)"的基本公式进行结账,为我国当时通行的收付记账法奠定了基础。明末清初,随着手工业、商业的不断发达和资本主义经济关系的萌发,我国商人运用四柱结算的原理又进一步设计了"龙门账",用以计算盈亏。它把全部账目划分为"进"(各项收入)、"缴"(各项支出)、"存"(各项物资)、"该"(资本及各项负债)四大类。运用"进-缴=存-该"的平衡公式双轨计算盈亏,并分别编制"进缴表"和"存该表"。两表中计算出的盈亏数应当相等,称为"合龙门",以此钩稽全部账目的正误。清代,由于商品经济的进一步发展,西方经济关系逐渐产生,又出现了"天地合账"。在这种方法下,一切账项,无论现金出纳、商品购销、内外往来等,都要在账簿上记录两笔,既登记"来账"又登记"去账",以反映同一账项的来龙去脉。账簿采用垂直书写,直行分上下两格,上格记收,称为天,下格记付,称为地,上下两格所记数额必须相等,即所谓"天地合"。四柱清册、龙门账和天地合,显示了我国历史上各个时期传统的中式簿记的特点。

  在西方会计发展史上,一般认为,从单式记账法过渡到复式记账法,是近代会计形成的标志,即15世纪末期,意大利传教士卢卡·帕乔利(Luca Pacioli)有关复式记账论著《算术、几何与比例概要》的问世,标志着近代会计的开端。随着社会经济的发展和管理要求的不断提高,会计的地位和作用,它所计算和考核的内容、范围,以及所要达到的目的和要求,都在不断发展和变化。这也使会计的目标、会计所应用的原则以及会计信息的披露内容、范围等随之而不断变化,日趋完善。

　　18 世纪末和 19 世纪初的产业革命，使许多资本主义国家的生产得到了很大发展。随着企业规模的不断扩大，股份有限公司这种新的经营形式应运而生。股份有限公司的产权和经营权发生了分离，从而对会计工作提出了更高的要求。由于产权和经营权发生分离以及信贷业务的开展，检查经理人员履职情况及审阅企业偿债能力成为不可缺少的一环，于是，社会上出现了以查账为职业的特许或注册会计师。1854 年英国成立了第一个会计师协会。从此，会计服务对象扩大了，会计的内容也发展了。

　　从另一方面看，科学技术水平的提高也对会计的发展起了很大的促进作用。现代数学、现代管理科学与会计的结合，特别是计算机技术引进会计领域，使会计在操作方法上有了根本性的变化。这种变化不仅体现在会计有了更多、更快的取得信息、披露信息的手段，也表现为会计可进一步利用取得的信息，更好地为管理服务。这样，比较完善的现代会计就逐步形成了。一般认为，货币计价、成本会计理论与方法的出现和不断完善，使会计从传统的事后记账、算账、报账向事前预测、控制和参与决策发展，在此基础上管理会计形成并与财务会计相分离而单独成科，是现代会计的开端。

　　综上所述，事实证明，不论在我国还是在外国，社会上很早就存在会计，并且它的产生、运用和发展是与社会生产力发展紧密相连的。经济越发展，会计越重要。

　　由于人们对会计上述产生、发展的看法不尽相同，致使会计至今尚无一个统一的定义。因此，为了说明什么是会计，就必须综合会计的所有特性，并从会计工作的实践出发，首先了解会计所具有的职能，其次再对会计的含义进行理论概括。

二、会计的基本职能

　　职能是指某一事物本身所固有的功能，是某一事物存在于世间所应发挥作用的内在因素。会计管理是通过会计的职能来实现的。会计的职能是指会计在管理中所具有的功能或能够发挥的作用。会计的职能有很多，但其基本功能应当概括为两个：核算职能和监督职能。

　　（一）会计的核算职能

　　会计的核算职能是指会计通过确认、计量、记录、报告，从数量上反映企事业单位已经发生或完成的经济活动，为经营管理提供经济信息的功能。核算职能是会计的首要职能，也是会计的最基本职能。核算职能的基本特点是：

　　（1）会计主要是利用货币计量，综合反映各单位（企业和行政、事业单位）的经济活动情况，为管理提供可靠的会计信息。从数量方面反映经济活动，可以采用三种量度：实物量度、货币量度和劳动量度（劳动工时）。在市场经济发达的条件下，为了有效地进行管理，就必须广泛地利用综合的价值形式，以计算生产资源的占用、劳动的耗费、产品销售收入的取得和利润的实现、分配等，所以，主要利用货币计量，从数量方面综合反映各单位的经济活动情况，是现代会计的一个重要特点。

（2）会计核算不仅是记录已发生的经济业务，还应面向未来，为各单位的经营决策和管理控制提供依据。会计核算对已经发生的经济活动进行事后的记录、核算、分析，然后提供大量的信息资料，反映经济活动的现实及历史状况，这是会计核算的基础工作。但是，随着市场经济的发展，市场竞争日趋激烈，社会经济活动日益复杂化，企业的经营活动是否符合既定的目标，还需要周密地规划企业未来的行动。为此，不仅要求会计如实地提供发生的经济业务的情况，还要对企业的发展提供一些具有前瞻性的会计信息，以此作为对未来经济活动的控制依据。

（3）会计核算应具有连续性、完整性和系统性。所谓连续性，是指对各种经济业务应当按照其发生的时间顺序依次进行登记，而不能有所中断。所谓完整性，是指凡是会计核算的内容都必须加以记录，不能遗漏。所谓系统性，是指会计提供的数据资料必须在科学分类的基础上形成相互联系的有序整体，从而揭示经济活动的规律性。只有依据连续的、完整的和系统的数据资料，才能全面、系统地反映各单位的经济活动情况，考核其经济效益。

（二）会计的监督职能

会计的监督职能是会计的另一个基本职能，是指会计具有按照一定的目的和要求，利用会计核算所提供的经济信息，对企业和行政事业单位的经济活动进行控制，使之达到预期目标的功能。会计监督的核心就是要干预经济活动，使之遵守国家有关法律、法规，保证财经制度的贯彻执行。其特点是：

（1）会计监督主要是利用核算职能提供的各种价值指标进行的货币监督。前已述及，会计核算主要是通过货币计量，提供一系列综合反映企业经济活动的价值指标，如资产、负债、所有者权益、收入、成本、费用、利润以及偿债能力、获利能力等。由于基层单位进行的经济活动，同时都伴随着价值运动，表现为价值量的增减和价值形态的转化，因此，会计监督就是依据这些价值指标进行的。例如，利用资产指标，可以了解企业一定时期的资产总额及其结构，考核企业资产的利用情况，以提高资产的利用效果；利用成本、费用指标，可以综合考核各项费用的支出情况，控制各项消耗，防止浪费的发生；将收入、利润等经营成果指标与成本、费用、资产指标对比，可以考核劳动耗费和物质资源利用的经济效益，等等。通过这些价值量指标对各单位的经济活动进行监督，不仅可以比较全面地控制各单位的经济活动，而且可以经常地和及时地对经济活动进行指导与调节。

（2）会计监督是在核算各项经济活动的同时进行的，包括事前、事中和事后全过程的监督。事前监督，是指会计部门在参与制定各种决策以及相关的计划和费用预算时，依据有关政策、法规、制度和经济活动的一般规律，对各项经济活动的可行性、合理性、合法性和有效性的审查，是对未来经济活动的指导。事中监督，是指在日常会计工作中，对已发现的问题提出建议，促使有关部门采取措施，调整经济活动，使其按照预定的目标和要求进行。事后监督，则是指以事先制定的目标、标准和要求为准绳，通过分析已取得的会计资料，对已进行的经济活动的合法性、合理性和有效性进行的考核与评价。

可见，会计监督的依据有合法性及合理性两种。合法性的依据是国家颁布的法令、法规，合理性的依据是客观经济规律及经营管理方面的要求。会计监督的目的就是保证企业会计目标的顺利实现。

需要指出的是，对经济活动进行会计核算的过程，也是实行会计监督的过程。会计的核算职能和监督职能是密不可分的。二者的关系是辩证统一、相辅相成的。会计核算是执行会计监督的前提，只有在对经济业务活动进行正确核算的基础上，会计监督才有客观依据。同时，如果只有核算，不进行监督，也不能充分发挥会计在管理中的作用。可以说，没有会计监督，会计核算就失去存在的意义；没有会计核算，会计监督就失去存在的基础。

会计核算和会计监督是会计最基本的职能，它体现了会计的本质特征。随着社会经济的不断发展，会计的内涵及外延都在不断地丰富和发展。20 世纪80 年代以后，我国会计界对会计职能有多种提法，如预测、决策、计划、控制、分析、考核等，这些职能可以被认为是从基本职能中派生出来的职能。

三、会计的含义

通过上述对会计发展历史以及会计职能的阐述，我们可以对现代会计作如下界定：会计是通过收集、加工和利用以一定的货币单位作为计量标准来表现的经济信息，应用专门的方法和程序对经济活动进行组织、控制、调节和指导，促使人们比较得失、权衡利弊、讲求经济效益的一种管理活动。

会计与社会政治、经济等各方面环境的关系十分密切，处于不同环境中的会计会受到不同的影响。会计作为管理工作的重要组成部分，它一方面要受生产力发展水平的影响，另一方面又需要与社会政治、法律、文化等上层建筑的要求相一致。显然，研究会计问题不可能脱离其所处的环境。

四、会计的目标

会计的目标是指会计工作所要达到的终极目的。会计目标是会计理论研究中的一个重要课题。自20世纪60年代后期美国提出"会计是一个经济信息系统"的观念以后，会计目标的研究开始引起会计学术界的关注，到70年代初期，会计目标的研究已受到普遍重视。

迄今为止，"受托责任观"和"决策有用观"是美国会计学界关于会计目标的主流观点，它对整个世界的会计理论研究和会计实务都产生了一定影响。

"受托责任观"的思想，萌芽于会计的产生阶段，但作为一种系统的理论，却是在公司制和现代产权理论的基础上发展而成的。公司制下，财产所有者将财产委托给受托者，并要求受托者对财产进行妥善的保管并使其增值；受托者接受委托者的委托，同时获得财产的自主经营权和处置权，并负有向委托者报告受托责任履行情况的义务。这样，基于财产所有权上的受托责任便得以确立。"受托责任观"认为，财务报表的目标是反映受托者对受托责任的履行情况。在委托—受托关系中，受托方负有向委托方交代其履行受托责任的情况和结果的义务，而这一义务具体是由会计人员完成的。受托责任关系可因法律、合同、组织的规则而产生。一个公司对其股东、债权人、雇员、客户、政府或有关联的公众承担受托责任。在一个公司内部，一个小组的负责人对部门经理负有受托责任，而部门经理对更高一层的负责人也承担受托责任。就这一意义而言，说我们今天的社会是构建在一个巨大的受托责任网络之上，毫不过分。

"决策有用观"是美国会计学界在批评古典会计学派注重会计数据的准确性而忽视会计信息对决策的有用性的基础上形成的。而后，随着证券市场的发展，会计信息的决策有用性显得日益重要，这为"决策有用观"的进一步确立提供了条件。"决策有用观"认为，会计的目的是提供对决策有用的信息，而对决策有用的信息主要是关于企业现金流量、经营业绩及资产变动的信息。

研究会计的目标，当然要研究管理的目标。由于会计是整个管理的重要组成部分，会计目标当然要从属于管理的总目标，或者说会计目标是管理总目标下的子目标。在社会主义市场经济条件下，管理的总目标是提高经济效益，就是在投入一定价值量的情况下，尽量争取收回更多的价值量，或者是在收回的价值量一定的情况下，尽量减少投入的价值量。

会计是对价值运动的管理，所以，作为管理重要组成部分的会计管理工作，也应该以提高经济效益作为最终目标。在将提高经济效益作为最终目标的前提下，我们还需要研究会计核算的目标，即会计核算要达到什么目的。会计核算是对会计信息的收集、处理、传输、报告的活动。我国颁布的《企业会计准则》对于企业会计核算的目标作了明确规定：会计提供的信息应当符合国家宏观经济管理的要求，满足有关方面了解企业财务状况和经营成果的需要，满足企业加强内部经营的需要。上述会计核算的目标，实质上是对会计信息质量提出的要求。我们还需要明确财务会计报告的目标。2006年我国颁布的《企业会计准则——基本准则》对于企业财务会计报告的目标作了明确规定：向财务会计报告使用者提供与企业财务状况、经营成果和现金流量等有关的会计信息，反映企业管理层受托责任履行情况，有助于财务会计报告使用者做出经济决策。

第二节　会计对象与会计要素

一、会计对象

会计对象是指会计所要核算和监督的内容，即会计的客体。从表面上看，会计存在于所有企业和行政事业单位，其反映和监督的内容既有不同行业企业的经济活动，又有行政事业单位的经济活动。但从本质上看，社会上所有企业和行政事业单位的经济活动都可在最大范围内被概括为社会经济活动。由于社会经济活动总是在纵横交错、周而复始地运行着，所以，这样的活动又可以概括为社会再生产过程中的经济活动，由生产、分配、交换和消费四个相互联系的环节所构成。会计是管理的重要组成部分，也是反映社会再生产过程进行情况及其结果的一种活动。所以，在社会主义市场经济条件下，会计的对象就是社会再生产过程中由各种各样的经济活动构成的资金运动。

以制造业为例，制造企业的资金运动按其运动的程序可分为资金取得、资金周转和资金退出三个环节。相对应而言，在企业通过资金筹集拥有或控制了一定数量的资产之后，同时也就存在债权人或投资人对企业资产提出要求的权利。在这些资产投入企业之后，制造企业生产过程可以划分为供应过程、生产过程、销售过程及收益分配过程。

在供应过程中，企业以银行存款或库存现金等货币资金购买原材料等，为进行生产而储备必要的物资，资金就从货币资金形态转化为原材料等储备资金形态。

在生产过程中，企业为了进行产品生产，必须拥有一定数量的劳动力、劳动工具和劳动对象。劳动者运用劳动工具对劳动对象进行加工，使劳动对象发生性质或形态上的变化，制造出产品。在这一过程中，原材料投入生产，并以货币资金支付工资和其他费用，资金就从储备形态和货币形态转化为在产品、半产品形式的生产资金形态。此外，在生产过程中，厂房、机器设备等因使用而磨损，其价值通过折旧方式转移到在产品价值中，也构成生产资金的一部分。当产品制造完成，资金又从在产品的生产资金形态转化为产成品的资金形态，这时，资金从生产过程进入了销售过程。

在销售过程中，企业将产品销售出去，通过一定的结算方式，重新取得货币资金，这时，资金从产成品形态又转化为货币形态。企业这部分资金，包括了投资者投入的资金和通过生产经营活动，超过原有投资的价值而形成的利润。企业利润扣除按国家规定上交的税费，便是净利润，归投资者所有。

制造企业资金运动过程如图1—1所示。

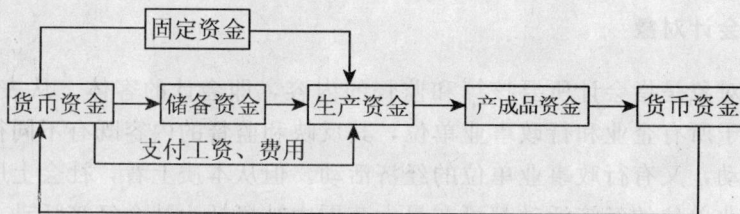

图1—1　制造企业资金运动过程

企业的资金从货币形态开始，依次经过供应、生产、销售三个过程，最后又返回原来的出发点，这就是资金的循环。资金周而复始地循环，形成资金的周转。企业的资金除了循环周转外，有时还会发生资金投入和退出的情况，例如接受投资和经法律程序减少资本等，这些资金的增减变动同样也是企业的资金运动。制造业企业的会计对象就是能够用货币表现的经济活动。即会计对象不是社会再生产过程中的全部经济活动，而是其中能够用货币表现的方面。因此，会计对象可以归纳为单位以货币表现的经济活动。

二、会计要素

会计要素即会计对象的具体化。会计要素是设置会计科目的基本依据，也是构成会计报表的基本要素。我国《企业会计准则》将会计要素分为六个：资产、负债、所有者权益、收入、费用和利润。下面分别予以说明。

(一)资产

资产是指企业过去的交易或者事项形成的、由企业拥有或者控制的、预期会给企业带来经济利益的资源。资产是企业从事生产经营活动的物质基础，并以各种具体形态分布在生产经营过程的不同方面。资产包括各种财产、债权和其他权利。资产具有以下主要特征：

(1)由企业过去的交易或者事项形成的。过去的交易或者事项包括购买、生产、建造行为等。预期在未来发生的交易或者事项不形成资产。例如，企业从一家公司购买了价值1万元的商品，那么这些商品是企业的一项资产。而那些在谈判中达成的交易或计划中的经济业务不能形成企业的资产。

(2)由企业拥有或者控制。是指企业享有某项资源的所有权，或者虽然不享有某项资源的所有权，但该资源能被企业所控制。如企业按年租入的办公场所不是企业的资产，因为企业对它的使用权是暂时的。如果企业租用一栋房屋或一台设备，其租赁期等于或几乎等于该房屋或设备的使用寿命（即融资租赁），那么即使它们不被企业所拥有，也属于企业的资产。

(3)预期会给企业带来经济利益。是指直接或者间接导致现金和现金等价物流入企业的潜力。资源可以在下列三种条件下提供未来收益：①它们是现金或者可以转化为现金。②它们是待售的货物，例如存放在仓库的商品、物资等。③它们可以用于未来生产经营活动，这些活动可以为企业带来现金流入，例如企业拥有的机器设备等。

(二)负债

负债是指企业过去的交易或者事项形成的、预期会导致经济利益流出企业的现时义务。负债具有如下基本特征：

(1)负债是由于过去的交易、事项形成的目前仍然存在的债务。将来的交易由于尚未发生，缺乏客观性，会计上不认定其为负债。同样，过去已经偿还现在已经不存在的债务，也不再是企业的负债。

(2)负债必须是在将来以资产或提供劳务偿还的一种经济负担。负债是目前尚未偿还的经济负担，此负担必须在将来以现金资产、非现金资产或提供劳务加以偿还。

（3）负债的金额是确定的。无法确定或无法准确估计的负债不能称为负债。企业的负债按其偿还期限可分为流动负债和非流动负债。

流动负债是指将在一年或超过一年的一个营业周期内偿还的债务，包括短期借款、应付及预收款项、应付职工薪酬、应交税费、应付利润、其他应付款等。

非流动负债是指偿还期在一年或者超过一年的一个营业周期以上的债务，包括长期借款、应付债券、长期应付款等。

（三）所有者权益

所有者权益是指企业资产扣除负债后由所有者享有的剩余权益。所有者权益是企业的全部资产减去全部负债后的余额，它表示所有者在企业资产中享有的经济利益。所有者权益具有以下特点：

（1）所有者权益代表的资产可供企业长期使用。

（2）所有者权益拥有分享企业税后利润的权利。在正常情况下，公司投资者并不能取得固定数额的回报，而只是参与企业税后利润的分配。

（3）所有者权益仅表示所有者对企业净资产的要求权，当企业破产清算时，其求偿权位于负债之后。

所有者权益的来源包括所有者的投入资本、直接计入所有者权益的利得和损失、留存收益等。

（1）投入资本是指投资者（包括国家、法人、个人等）实际投入企业经营活动的各种财产、物资。它是企业注册成立的基本条件之一，也是企业承担民事责任的财力保证。

（2）直接计入所有者权益的利得和损失是指不应计入当期损益、会导致所有者权益发生增减变动的、与所有者投入资本或者向所有者分配利润无关的利得或者损失。利得是指由企业非日常活动所形成的、会导致所有者权益增加的、与所有者投入资本无关的经济利益的流入。损失是指由企业非日常活动所发生的、会导致所有者权益减少的、与向所有者分配利润无关的经济利益的流出。

（3）留存收益包括盈余公积和未分配利润。盈余公积是指按照国家有关规定从税后利润中提取的公积金。盈余公积可以用来弥补亏损和按规定程序转增资本金。未分配利润，指企业留于以后年度分配的利润或待分配利润。

（四）收入

收入是指企业在日常活动中形成的、会导致所有者权益增加的、与所有者投入资本无关的经济利益的总流入。它包括主营业务收入和其他业务收入。

主营业务收入是指企业从主要经营活动中取得的收入，如制造业的产品销售收入，商品流通企业的商品销售收入等。

其他业务收入是指企业除了主营业务收入以外的其他业务活动所取得的收入，如原材料销售、技术转让、固定资产出租、包装物出租取得的收入等。

（五）费用

费用是指企业在日常活动中发生的、会导致所有者权益减少的、与向所有者分配利润无关的经济利益的总流出，也就是企业为销售商品或提供劳务而减少的资产或增加的负债。它包括制造成本和期间费用。

制造成本是指与生产产品直接有关的费用，包括生产产品和提供劳务而发生的直接材料、直接人工等直接费用和各生产单位（车间、分厂）为组织、管理生产所发生的各种间接费用。这些费用应该计入产品成本，从销售收入中得到补偿。

期间费用是指与生产产品无直接关系，属于某一时期耗用的费用，包括企业行政管理部门为组织和管理生产经营活动而发生的管理费用，为筹集资金而发生的财务费用，为销售产品而发生的销售费用。期间费用不参与成本计算，而是直接计入当期损益。

（六）利润

利润是指企业在一定会计期间的经营成果。即企业在一定期间生产经营过程中实现的收入扣除各种成本、费用后的盈余。它反映的是企业的经营业绩，是业绩考核的重要指标。

会计要素的划分在会计核算中具有重要作用，它是对会计对象进行科学分类和设置会计科目的基本依据，并构成会计报表的基本框架。

三、会计恒等式

通过以上对资产、负债、所有者权益、收入、费用和利润六个会计要素的简要说明，可以看出，会计六要素之间存在着十分密切的联系。任何企业和行政事业单位，为了完成其各自的任务，都必须拥有一定数量的资产作为从事经济活动的基础。这些资产在经济活动中分布在各个方面，表现为不同的占用（实物资产或非实物资产的无形资产）形态，如房屋、建筑物、机器设备、原材料、产成品、货币资金等。这些资产都是从一定的来源取得的，资金取得或形成的来源，就是负债和所有者权益。资产和负债、所有者权益是财产资源的两个方面，因而客观上存在必然相等的关系。即从数量上看，有一定数额的资产，必定有一定数额的负债和所有者权益；反之，有一定数额的负债和所有者权益，也必定有一定数额的资产。这就是说，资产与负债和所有者权益之间在数量上必然相等。这一平衡关系用公式表示如下：

资产＝负债＋所有者权益

这一平衡关系反映了会计基本要素（资产、负债和所有者权益）之间的数量关系，它是设置账户、复式记账和编制会计报表等会计核算方法建立的理论依据，在会计核算中有着非常重要的地位。

企业在经营过程中，不断发生各种经济业务，例如购买材料、支付工资、销售产品、上交税费等。这些业务在会计称作"会计事项"，其发生会对有关会计要素产生影响。但是，无论发生什么经济业务，都不会破坏资产、负债和所有者权益之间的平衡关系。

［例1—1］假设某企业2007年1月1日的资产、负债和所有者权益的状况如表1—1所示。

表1—1 　　　　　　　　　资产负债表（简表）　　　　　　　　　单位：元

资　产	金　额	负债及所有者权益	金　额
库存现金	900	短期借款	6100
银行存款	26000	应付账款	42000
应收账款	35000	应交税费	8000
原材料	42000	长期借款	18000
固定资产	200000	实收资本	260000
无形资产	40000	资本公积	9800
合　计	343900	合　计	343900

经济业务发生后，引起各项资产、负债和所有者权益的增减变动，不外乎以下四种类型：

（1）经济业务的发生，引起资产项目之间此增彼减，增减金额相等。如用银行存款3000元购买原材料，这项业务的发生，只会引起资产内部两个项目之间以相等金额一增一减的变动。这一增一减，只表明资产形态的转化，而不会引起资产总额的变动，更不涉及负债和所有者权益项目，因此，资产与权益的总额仍保持平衡关系。

（2）经济业务的发生，引起负债和所有者权益项目之间此增彼减，增减金额相等。如向银行借入短期借款2000元，直接偿还应付账款。这项业务的发生，只会引起两个负债项目之间以相等金额一增一减的变动。这一增一减，只表明资金来源渠道的转化，即从"应付账款"转化为"短期借款"，既不会引起负债和所有者权益总额发生变动，也没有涉及资产项目。因此，资产与负债和所有者权益的总额仍保持平衡关系。

（3）经济业务的发生，引起资产项目和权益项目同时增加，双方增加的金额相等。如接受其他企业投资的全新设备一台，价值 26000 元。这项业务的发生，一方面使企业固定资产增加，另一方面使企业的实收资本，即所有者权益增加。资产项目和权益项目以相等的金额同时增加，双方总额虽然均发生变动，但仍保持平衡关系。

（4）经济业务的发生，引起资产项目和权益项目同时减少，双方减少的金额相等。如用银行存款 8000 元偿还长期借款。这项业务的发生，使一个资产项目的金额和一个负债项目的金额同时减少，从而使双方总额均发生变动，但仍保持平衡关系。

以上变动对"资产＝负债＋所有者权益"平衡公式的影响如下：

资产期初总额 343900＝负债＋所有者权益期初总额 343900

银行存款（1）－3000　　　短期借款（2）＋2000

银行存款（4）－8000　　　应付账款（2）－2000

原材料（1）＋3000　　　　长期借款（4）－8000

固定资产（3）＋26000　　 实收资本（3）＋26000

资产期末总额 361900＝负债＋所有者权益期末总额 361900

上面所举的四项经济业务，代表着四种不同的业务类型。从中可以看出，不论哪一项经济业务的发生，均未破坏资产总额与负债及所有者权益总额的平衡。

但是，随着企业经营活动的进行，在会计期间内企业一方面取得了各类收入，另一方面也必然会发生与取得收入相关的各种费用。联系收入、费用、利润要素的增减变动情况又会怎么样呢？下面的例子可以说明，在这种情况下，会计等式仍不会因此而被打破。

在取得收入、发生费用的同时，会有以下会计要素变动情况：

（1）取得了收入，会表现为资产项目和收入项目同时增加，或者是在增加收入时减少负债。例如，取得销售收入存入银行或发出销售已预收账款的商品等。

（2）发生了费用，会表现为费用项目的增加和资产项目的减少，或者是增加费用时增加负债。如生产领用原材料或发生固定资产修理费用等。

（3）在会计期末，将收入减去费用计算出的利润按规定程序进行分配以后，其留归企业部分（如盈余公积）和未分配部分仍为所有者权益的增加；反之，如若发生亏损则为所有者权益的减少。变化后的会计等式仍会保持平衡。

将上述变化用等式表示，则有下列扩展的会计等式：

收入－费用＝利润

资产＝负债＋所有者权益＋（收入－费用）

在会计期末，利润或亏损归入所有者权益之后，又有：

资产＝负债＋所有者权益

由于收入、费用的变动仍可归为资产、负债及所有者权益的变动形式，其业务类型也未脱离上述四种类型，因此，在企业生产经营过程中发生各式各样的业务活动，会计各要素之间的恒等关系总是存在的。

第三节　会计核算的基本前提和会计信息质量要求

一、会计核算的基本前提

会计核算的基本前提是会计人员对会计核算所处的变化不定的环境所做的合理判断。会计所处的社会经济环境极为复杂，在这种情况下，会计人员有必要对会计核算所处的经济环境做出判断。例如，企业在一般情况下是连续经营下去，为了及时计算企业的损益情况，就有必要将企业连续不断的生产经营过程人为地划分为一定的期间。再如，会计核算必须以某一方式反映企业的生产经营情况，这就有必要选择确定一定的计量单位。

会计核算的基本前提，是人们在长期的会计实践中逐步认识和总结形成的。按照国际会计惯例，结合我国情况，企业在组织会计核算时，应以会计主体、持续经营、会计分期和货币计量作为基本前提。

（一）会计主体

会计主体，又称为会计实体或会计个体，是指会计信息所反映的特定单位或者组织，它规范了会计工作的空间范围。

会计主体可以是一个企业，也可以是某个企业的某一部分，如分公司、分工厂、零售点等，也可以是一个事业单位，如学校、社会团体、科研和医疗机构等。这一基本前提要求经济业务按照特定的责任单位来识别。即一个会计主体不仅要与其他会计主体分开，而且也要独立于所有者之外。会计只能反映和监督某一会计主体的经济活动，而不能反映其他会计主体的经济活动，不能反映所有者的私人财产和私人债务。因此，在会计核算中必须将该主体所有者的财务活动与该主体自身的财务活动严格分开。会计核算工作中通常所讲的资产、负债的确认，收入的取得，费用的发生，都是针对特定会计主体而言的。

应该指出的是，会计主体不同于法律主体。一般来说，作为一个法人，其经济上必然是独立的，因而法律主体往往是一个会计主体。例如，一个企业作为一个法律主体，应当建立会计核算体系，独立地反映其财务状况、经营成果和现金流量。但是，会计主体不一定是法律主体。例如，企业的某一生产车间可以作为一个会计主体来进行核算，但它并不是一个法律主体。

（二）持续经营

持续经营，是指会计核算应以持续、正常的生产经营活动为前提，而不考虑企业是否将破产清算。它明确了会计工作的时间范围。

企业是否持续经营，在会计原则、会计方法的选择上有很大的差别。一般情况下，应当假定企业在可以预见的将来按当前的规模和状态继续经营下去，不会停业，也不会大规模削减业务。会计主体既然不会破产清算，那么它就将按照既定用途使用资产，按照既定的合约条件清偿债务，会计人员就可以在此基础上选择会计原则和会计方法。例如，一般情况下，企业的固定资产可以在一个较长的时期内发挥作用，如果可以判断企业会持续经营，就可以假定企业的固定资产会在生产经营过程中长期发挥作用，固定资产就可以根据历史成本进行记录，并采用折旧的方法，将历史成本分摊到各个会计期间或相关产品的成本中。如果判断企业不会持续经营，固定资产就不应采用历史成本进行记录并按期计提折旧。

由于持续经营是根据企业发展的一般情况所做的设定，而任何企业改组、停业、合并以至破产的风险都是存在的，所以持续经营仅是一种假定而已。没有这种前提条件，会计原则、会计方法也就不适用了（如破产企业的资产就不能按历史成本计价，而应按清算价值计价），就丧失了其存在的基础。为此，需要企业定期对其持续经营前提做出分析和判断。如果可以判断企业不会持续经营，就应当改变会计核算的原则和方法，并在企业财务会计报告中作相应披露。

（三）会计分期

会计分期，又称会计期间，是指将一个企业持续的生产经营活动划分为一个个连续的、长短相同的时间段落。

会计分期这一前提是从第二条基本前提引申出来的，也可以说是持续经营的客观要求。根据持续经营前提，一个企业将要按当前的规模和状态持续经营下去。要最终确定企业的生产经营成果，只能等到一个企业在若干年后歇业的时候核算一次盈亏。但是，企业的生产经营活动和投资决策要求及时的信息，不能等到歇业时一次性地核算。因此，就需要将企业持续的生产经营活动划分为一个个连续的、长短相同的期间，分期核算和反映。所以，会计分期的目的是按期结算盈亏，按期编制财务会计报告，从而及时向各方面提供有关企业财务状况、经营成果和现金流量的信息。

会计期间是指在会计工作中为核算生产经营活动和预算执行情况所规定的起讫日期。会计期间划分的长短会影响损益的确定，一般地说，会计期间划分得愈短，反映经济活动的会计信息质量就愈不可靠。当然，会计期间的划分也不可能太长，太长了会影响会计信息使用者及时使用会计信息的需要和满足程度。因此必须恰当地划分会计期间。

最常见的会计期间是一年，以一年确定的会计期间称为会计年度，按年度编制的财务会计报告也称为年报。我国会计期间分为年度、半年度、季度和月份。我国《企业会计准则》规定，会计期间采用"历年"制，即按公历起讫时间来确定，会计年度为公历 1 月 1 日起至 12 月 31 日止。采用历年制可以使会计分期与国家计划和财政分期相一致，以满足国民经济宏观管理的需要。为满足人们对会计信息的需要，也要求企业按短于一个完整的会计年度的期间编制财务报告，如要求上市公司每半年和每个季度提供一次财务会计报告等。

有了会计期间这个前提，才产生了本期与非本期的区别，才产生了收付实现制和权责发生制，才能正确贯彻配比原则。只有正确地划分会计期间，才能准确地提供财务状况和经营成果的资料，进而进行会计信息的对比。

（四）货币计量

货币计量，是指会计主体在会计核算过程中采用货币作为计量单位，计量、记录和报告会计主体的生产经营活动。

用货币来反映一切经济业务是会计核算的基本特征，因而也是会计核算的一个重要前提条件。在会计核算过程中，之所以选择货币作为计量单位，是由货币本身的属性决定的。货币是商品的一般等价物，是衡量一般商品价值的共同尺度，具有价值尺度、流通手段、贮藏手段和支付手段等功能。其他的计量单位，如实物量度（重量、长度、容积、台、件等），只能从一个侧面反映企业的生产经营情况，无法在量上进行汇总和比较，不便于管理和会计计量。劳动量度（如劳动工时等）也只能反映生产活动所耗费的时间。所以，为了全面反映企业的生产经营、业务收支等情况，会计核算就选择了货币作为计量单位。当然，货币计量前提并不排斥会计核算有时采用实物计量单位和劳动计量单位作为补充。

《企业会计准则》规定，企业的会计核算以人民币为记账本位币。业务收支以人民币以外的货币为主的企业，可以选定其中一种货币作为记账本位币，但是编报的财务会计报告应当折算为人民币反映。在境外设立的中国企业向国内报送的财务会计报告，应当折算为人民币反映。

用货币作为会计统一的计量手段，又必然引出一个实质性的假设——币值不变假设，即假定货币本身的价值是稳定不变的或变化甚微的，只有这样，才能对会计主体发生的经济活动进行连续、系统的记录与汇总，并对不同时期的会计信息进行比较、分析和评价。但实际上货币本身的价值是会发生变动的。按照国际会计惯例，当货币本身的价值波动不大，或前后波动能够被抵消时，会计核算中可以不考虑这些波动因素，即仍认为币值是稳定的。但在发生恶性通货膨胀时，就需要采用特殊的会计核算方法（物价变动会计）来处理有关的会计事项。

当然，统一采用货币计量，也有不利之处，因为影响企业财务状况和经营成果的因素并不是都能用货币来计量的，比如，企业经营战略、在消费者当中的信誉度、人力资源状况、技术开发能力，等等。为了弥补货币计量的局限性，企业应采用一些非货币指标作为会计报表的补充。

二、会计信息质量要求

会计核算要顺利进行，就需要有具体操作行为的规范。

2006 年 2 月财政部发布的《企业会计准则——基本准则》中明确了会计信息质量要求的内容。

（一）可靠性

可靠性要求企业应当以实际发生的交易或者事项为依据进行确认、计量和报告，如实反映符合确认和计量要求的各项会计要素及其他相关信息，保证会计信息真实、可靠、内容完整。

（二）相关性

相关性要求企业提供的会计信息应当与财务报告使用者的经济决策需要相关，有助于财务报告使用者对企业过去、现在或者未来的情况做出评价或者预测。

（三）可理解性

可理解性要求企业提供的会计信息应当清晰明了，便于报告使用者理解和使用。

（四）可比性

可比性要求企业提供的会计信息应当具有可比性。具体包括下列要求：

（1）同一企业对于不同时期发生的相同或者相似的交易或者事项，应当采用一致的会计政策，不得随意变更。

（2）不同企业发生的相同或者相似的交易或者事项，应当采用一致的会计政策，不得随意变更。

（五）实质重于形式

实质重于形式要求企业应当按照交易或者事项的经济实质进行会计确认、计量和报告，不应仅以交易或者事项的法律形式为依据。如果企业仅仅以交易或者事项的法律形式为依据进行会计确认、计量和报告，那么就容易导致会计信息失真，无法如实反映经济现实和实际情况。

（六）重要性

重要性要求企业提供的会计信息应当反映与企业财务状况、经营成果和现金流量有关的所有重要交易或者事项。

（七）谨慎性

谨慎性要求企业对交易或者事项进行会计确认、计量和报告时应当保持应有的谨慎，不应高估资产或者收益、低估负债或者费用。

但是，谨慎性的应用并不允许企业设置秘密准备。如果企业故意低估资产或者收益，或者故意高估负债或者费用，损害会计信息质量，扭曲企业实际的财务状况和经营成果，从而对使用者的决策产生误导，这是会计准则所不允许的。

（八）及时性

及时性要求企业对于已经发生的交易或者事项，应当及时进行确认、计量和报告，不得提前或者延后。

第四节　会计方法

会计方法是指会计人员采用何种手段去完成会计任务。会计方法主要包括会计分析、会计考核、会计预测、会计决策和会计核算。其中,会计核算方法是最基本、最重要的方法。

一、会计分析

会计分析是会计的一个重要方法。会计分析要依照会计核算提供的各项资料及经济业务发生的过程,运用特定的分析方法,建立数学模型对企业的生产经营过程及其经营成果进行分析。会计分析的资料将成为会计考核、预测、决策的主要根据。

二、会计考核

会计考核通过会计核算及会计分析所提供的资料与原定目标之比较来检查企业的生产经营过程及其经济业务是否合法、合理,会计主体的经营业绩是否达到了设定的目标,企业的经营是否按照预定的任务和目标进行。

三、会计预测

会计预测通过会计核算、会计分析等所提供的资料与市场环境因素的相关性,运用一定的预测方法,对会计主体的经营过程和未来发展趋势做出测算、预计和估价,为会计决策提供可行性方案。会计预测是可行性研究的重要组成部分。

四、会计决策

会计决策是经营决策的重要组成部分。会计决策不是指会计人员具有决策的职能和作用,而是指会计主体利用各种会计资料和相关信息对方案进行选择,它主要是参与决策,并非直接决策。由于会计信息使用货币量度,所以它具有综合性的特点,会计信息中的利润(或亏损)指标可以综合说明一个单位经营管理水平的高低。会计参与经营决策,选择经济效益较高和社会效益较好的方案,是我国会计工作发展的基本要求。

五、会计核算

会计作为管理的重要组成部分,需要有一整套科学的方法体系。会计主体的经济业务纷繁复杂,要将经济信息转换成会计信息,就必须依照会计准则进行确认、计量、记录、分类、汇总。将经济信息按照一定的标准、方法和手段转换成为会计信息的过程就是会计核算。会计核算是会计的主要方法,是其他会计方法的基础。

（一）设置会计科目和账户

设置会计科目和账户，是对会计对象具体内容进行分类核算的方法。设置系统、科学的会计科目，按照会计对象的不同特点和管理的不同要求，选择一定的标准进行分类，并根据会计科目在账簿中开设相应的账户，这样就可以取得所需要的核算指标。

（二）复式记账

复式记账是对每一项经济业务，都要以相等的金额同时在两个或两个以上的相关账户中进行记录的方法。复式记账在每项经济业务所涉及的两个或两个以上的账户之间产生一种平衡关系，这样就可以了解和掌握经济业务的内容，检查会计记录的正确性。同时，采用复式记账法记录各项经济业务，能够全面、系统地反映各项经济业务之间的联系。

（三）填制和审核会计凭证

填制和审核会计凭证，是为会计记录提供完整的、真实的原始资料，保证账簿记录真实、正确、完整的方法。会计凭证是记录经济业务和明确经济责任的书面证明，是登记账簿的依据。会计凭证分为原始凭证和记账凭证。已发生的经济业务，都必须由经办人员或单位填制原始凭证，并签名、盖章。审核后的、正确无误的原始凭证，才能作为填制记账凭证和登记账簿的依据。所以，填制和审核会计凭证是保证会计资料真实性、正确性、合法性和合理性的有效手段。

（四）登记账簿

登记账簿，是根据审核无误的记账凭证，在账簿中进行全面、连续、系统记录的行为。登记账簿应该以记账凭证为依据，并将记账凭证中反映的经济业务分别记入有关账户。这样，账簿记录就将会计凭证中分散记录的经济业务内容做了进一步的分类、汇总，使之系统化，更加适应管理的需要。所以，登记账簿是会计核算的主要方法。

（五）成本计算

成本计算实际上是一种会计计量活动，它所要解决的是会计核算对象的货币计价问题。因此，广义的成本计算存在于各种经济活动之中，任何一项经济活动只要纳入会计的核算系统就都有一个货币计价问题，而货币计价也就是确定用何种成本入账的问题。所谓成本计算就是对应计入一定对象中的全部费用进行归集、计算，并确定该对象的总成本和单位成本的会计方法。通过成本计算，可以正确地对会计核算对象进行计价，可以考核经济活动中物化劳动和活劳动的耗费程度，为正确计算盈亏提供数据。

（六）财产清查

财产清查是通过实物盘点、往来款项的核对来检查财产和资金实有数额的方法。在财产清查中发现的财产、资金账面数与实存数不符的情况，应该及时调整账簿记录，使账面数与实存数保持一致，并查明账实不符的原因，明确责任。清查中发现的积压和损毁物资以及往来账款中的呆账、坏账，要积极清理和加强管理。因此，财产清查是保证会计核算资料真实、正确的一种手段。

（七）编制会计报表

编制会计报表是根据账簿记录的数据，采用一定的表格形式，概括地、综合地反映各单位在一定时期内经济活动过程和结果的一种方法。编制会计报表是对日常核算的总结，是在账簿记录基础上对会计核算资料的进一步加工、整理。会计报表提供的资料是进行会计分析、会计预测和决策的重要参考依据。

上述各种会计核算方法相互联系、密切配合，构成了一个完整的方法体系。在会计核算方法体系中，就工作程序和工作过程来说，主要是三个环节：填制和审核凭证、登记账簿和编制会计报表。任何一个会计期间所发生的经济业务，都要通过这三个环节进行会计处理，将大量的经济业务信息转换为系统的会计信息。这种从凭证到账簿，从账簿到报表周而复始的变化过程，就是一般所谓的会计循环。

第二章　会计科目与会计账户

第一节　会计科目

一、设置会计科目的意义

会计科目是对会计对象的具体内容进行分类核算的标志或项目。设置会计科目是正确组织会计核算的一种专门方法。

如前所述，会计要素（资产、负债、所有者权益、收入、费用和利润）会随着经济业务的发生而增减变动。例如，用银行存款购进原材料，原材料增加，银行存款减少，使得资产要素的具体项目构成发生增减变化；用银行存款偿还前欠的应付账款，应付账款与银行存款就会同时减少，使得资产与负债两要素的金额也同时减少，等等。所以，要提供各种有用的经济信息以满足会计信息使用者的需要，不仅要按会计要素分类反映其增减变化，而且需要对每一会计要素再作进一步的分类，以便提供更加详细的会计信息。对会计要素的进一步分类则形成不同的项目，即会计科目。

设置会计科目，可以分类反映不同的经济业务内容，可以将复杂的经济信息变成有规律、易识别的经济信息，并为其转换为会计信息准备条件。在设置会计科目时，需对会计核算和监督的具体内容进行分类，并按每一类别的内容、特征设定范围、定义和名称。例如，制造业企业拥有的生产经营过程中的物质条件，如机器设备、厂房，均属于劳动资料，则将之归为一类，称为“固定资产”；企业为生产经营购入的各种各样的原材料，均属于劳动对象，则将之归为一类，称为“原材料”。又如，企业的货币资金由于保管地点和收付方式不同，可以将其划分为两个类别：银行存款和库存现金，相应也设置两个会计科目，其中“银行存款”科目用来核算企业存放在银行的存款的增减变动及结存情况，"库存现金"科目则用来核算企业库存现金的收付与结存情况。可见，会计科目是设置账户、进行处理账务必须遵守的规则和依据，是一种基本的会计核算方法。

二、设置会计科目的原则

任何一个会计主体都必须设置一套适合自身特点的会计科目体系。无论国家有关部门统一制定会计科目，还是企业自行设计会计科目，均应按照一定的原则进行。设置会计科目时应该遵循以下几项原则。

（一）设置会计科目必须适应会计对象的特点

企业必须根据各行业会计对象的特点，本着全面核算其经济业务的过程及结果的目的来确定应设置的会计科目。例如，制造业是从事产品生产的企业，根据这一特点，在制造业中必须设置反映生产经营过程的会计科目，如"原材料"、"生产成本"、"制造费用"、"产成品"、"主营业务收入"等；而商品流通企业，它并不生产产品，其主要从事商品的买卖，故应设置反映商品流通和运营的会计科目，如"库存商品"、"销售费用"、"主营业务收入"等。

（二）设置会计科目必须符合管理的特点

设置会计科目，既要符合国家宏观经济调控的要求，又要符合企业自身经营管理的需要。例如，企业为进行经济核算，反映企业的财务成果就必须设置"本年利润"、"利润分配"等科目；为正确地进行各期成本计算，就必须设置"制造费用"、"生产成本"、"库存商品"等科目。

（三）设置会计科目必须做到统一性与灵活性相结合

统一性就是在设置会计科目时，要根据《企业会计准则》中规定的会计科目，使用统一的会计核算指标、口径。而灵活性是指企业可根据自身的经营特点及投资者的要求，对统一规定的会计科目作必要增补或合并。如材料按实际成本核算收发的企业，可以不设置"材料采购"和"材料成本差异"科目，而增设"在途材料"科目。但各个单位在贯彻统一性与灵活性原则时，应防止两种倾向：一是防止会计科目过于简单化，造成管理困难；二是要防止会计科目过于烦琐，增加会计核算的工作量。

（四）会计科目的名称要含义明确、字义相符、通俗易懂并相对稳定

含义明确是指会计科目要尽可能明确、简洁地反映经济业务的特点；字义相符是指按照中文习惯，能够望文生义，不致产生误解；通俗易懂是指要避免使用晦涩难懂、容易产生歧义的文字，便于大多数人正确理解。同时，为了便于不同时期的会计资料进行对比分析，会计科目应保持相对稳定，以便在一定

范围内综合汇总和在不同时期对比分析其所提供的核算指标。

三、会计科目的分类

为了正确使用会计科目，应按一定的标准对会计科目进行分类。会计科目的分类方法通常有下列几种。

（一）按其核算的经济内容分类

每个会计科目核算的经济内容是不同的，会计科目按其所反映的经济内容，可分为六大类：资产类会计科目、负债类会计科目、所有者权益类会计科目、成本类会计科目和损益类会计科目。每一大类会计科目还可按一定的标准再进行详细划分。

1. 资产类会计科目

资产类会计科目按资产的流动性分为反映流动资产的会计科目和反映非流动资产的会计科目。反映流动资产的会计科目有"库存现金"、"银行存款"、"原材料"、"库存商品"、"物资采购"、"应收账款"等；反映非流动资产的会计科目有"固定资产"、"无形资产"等。

2. 负债类会计科目

负债类会计科目按负债的偿还期限不同分为反映流动负债的会计科目和反映非流动负债的会计科目。反映流动负债的会计科目有"短期借款"、"应付账款"、"预收账款"、"应付职工薪酬"、"应交税费"等；反映非流动负债的会计科目有"长期借款"、"应付债券"、"长期应付款"等。

3. 共同类会计科目

共同类会计科目的特点是需要从其期末余额所在的方向界定其性质。它包括"衍生工具"、"套期工具"等科目。

4. 所有者权益类会计科目

所有者权益类会计科目按权益的来源和性质不同可分为反映资本的会计科目和反映留存收益的会计科目。反映资本的会计科目有"实收资本"和"资本公积"等；反映留存收益的会计科目有"盈余公积"、"本年利润"、"利润分配"等。

5. 成本类会计科目

成本类会计科目主要反映企业在生产产品和提供劳务过程中发生的成本，如"生产成本"、"制造费用"、"劳务成本"等会计科目。

6. 损益类会计科目

损益类会计科目反映企业在生产经营过程中取得的各项收入和发生的各项

费用。收入类会计科目，如"主营业务收入"、"其他业务收入"、"营业外收入"等；费用类会计科目，如"主营业务成本"、"营业税金及附加"、"其他业务成本"、"营业外支出"、"管理费用"、"财务费用"、"销售费用"等。

表 2－1 是新《企业会计准则》规定的会计科目表。需要说明的是，表2－1是将我国《企业会计准则》设定的会计科目进行了部分列示。本书不对所有会计科目一一进行讲解，除了涉及的三十多个会计科目以外，其他会计科目的相关知识将在《财务会计学》中介绍。

表 2－1　　　　　　　**会计科目表（简化格式）**

编　号	名　称	编　号	名　称
	一、资产类	1471	存货跌价准备
1001	库存现金	1501	持有至到期投资
1002	银行存款	1502	持有至到期投资减值准备
1012	其他货币资金	1503	可供出售金融资产
1101	交易性金融资产	1511	长期股权投资
1121	应收票据	1512	长期股权投资减值准备
1122	应收账款	1521	投资性房地产
1123	预付账款	1531	长期应收款
1131	应收股利	1532	未实现融资收益
1132	应收利息	1601	固定资产
1133	其他应收款	1602	累计折旧
1231	坏账准备	1603	固定资产减值准备
1321	代理业务资产	1604	在建工程
1401	材料采购	1605	工程物资
1402	在途物资	1606	固定资产清理
1403	原材料	1701	无形资产
1404	材料成本差异	1702	累计摊销
1405	库存商品	1703	无形资产减值准备
1406	发出商品	1711	商誉
1407	商品进销差价	1801	长期待摊费用
1408	委托加工物资	1811	递延所得税资产
1411	周转材料	1901	待处理财产损溢

编 号	名 称	编 号	名 称
二、负债类		4002	资本公积
2001	短期借款	4101	盈余公积
2101	交易性金融负债	4103	本年利润
2201	应付票据	4104	利润分配
2202	应付账款	4201	库存股
2203	预收账款	五、成本类	
2211	应付职工薪酬	5001	生产成本
2221	应交税费	5101	制造费用
2231	应付利息	5201	劳务成本
2232	应付股利	5301	研发支出
2241	其他应付款	六、损益类	
2314	代理业务负债	6001	主营业务收入
2401	递延收益	6051	其他业务收入
2501	长期借款	6101	公允价值变动损益
2502	应付债券	6111	投资收益
2701	长期应付款	6301	营业外收入
2702	未确认融资费用	6401	主营业务成本
2711	专项应付款	6402	其他业务成本
2801	预计负债	6403	营业税金及附加
2901	递延所得税负债	6601	销售费用
三、共同类		6602	管理费用
3101	衍生工具	6603	财务费用
3201	套期工具	6701	资产减值损失
3202	被套期项目	6711	营业外支出
四、所有者权益类		6801	所得税费用
4001	实收资本	6901	以前年度损益调整

（二）按其提供核算指标的详细程度分类

会计科目按其提供核算指标的详细程度，可以分为总分类科目和明细分类科目。

总分类科目，亦称总账科目或一级科目，它是对会计对象的具体内容进行总括分类的科目。明细分类科目，是对总分类科目进一步分类的科目。如果某一总分类科目所属的明细分类科目较多，可以增设二级科目（亦称子目），二级科目是介于总分类科目和明细分类科目（亦称细目）之间的科目。子目和细目统称为明细分类科目。下面以原材料为例说明总分类科目与明细分类科目之间的关系，如表2－2所示。

表 2－2　　　　　　　　　原材料的总分类科目与明细分类科目

总分类科目 （一级科目）	明细分类科目	
	二级科目（子目）	明细分类科目（细目）
原材料	原料及主要材料	甲材料 乙材料
	辅助材料	润滑油 油漆
	燃料	焦炭 汽油

第二节　会计账户

一、会计账户的概念和设置会计账户的意义

会计账户是指按照规定的会计科目在账簿中对各项经济业务进行分类、系统、连续记录的一种手段。会计科目只是对会计要素进行分类核算的项目或标志，而没有具体设定具有一定格式的记账实体，所以，设置会计科目以后，还必须根据设置好的会计科目开设相应的账户，在账户上分类记录各项经济业务的增减变化及余额情况。

会计科目与账户是两个既有联系又有区别的概念。其相同点在于：都要对经济业务进行分类，都反映一定的经济业务内容。账户是设置会计科目的基础和依据，会计科目是账户的名称。其不同点在于：会计科目是对经济业务分类核算的项目或标志（即名称），而会计账户却是记录经济业务内容，提供具体的数据增减变化的一种核算形式。

二、账户的结构

一般来说，账户的结构应包括以下内容（见表2—3）：①账户名称，即会计科目。②日期，即经济业务发生的时间。③凭证号数，即账户记录的来源和依据。④摘要，即业务内容的简单描述。⑤增加和减少的金额及余额情况。

表 2—3   账户名称（会计科目）

日　期	凭证号数	摘　要	增加额	减少额	余　额

为了便于讲课及做练习，教科书中经常采用简化的格式，即"丁"字形账户来说明账户的结构（见图2—1）。这种"丁"字形账户仅仅用来说明实际记账所用的轮廓。有些资料，例如日期等一般被省略了。

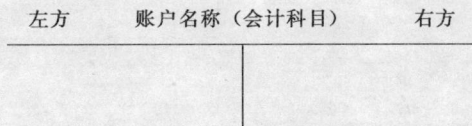

左方　　账户名称（会计科目）　　右方

图 2—1　"丁"字形账户

账户左方和右方分别记录期初余额、本期增加额、本期减少额和期末余额。"期"是指会计报告期。一般的会计报告期分为月、季、年。本期增加额和本期减少额是在本期间内记入账户的直接对象，又可称为本期增加发生额和本期减少发生额。而期初余额与期末余额是为了反映账户一定期间的结果。期初余额是指期初结余的金额，是本期原来的数据，在此基础上加上或减去（也可相反，视账户的具体类别不同而有所区别）本期增加额或减少额，最终可计算出期末余额。如果将本期期末余额转入下一期，就是下一期的期初余额。这四项金额的关系可用下列公式来表示：

本期期末余额＝本期期初余额＋本期增加发生额－本期减少发生额

不同账户所记录的经济内容不同，但是其左、右两方都是按相反方向来记录增加额和减少额，即如果规定在左方记录增加额，则就应该在右方记录减少额。反之，如果规定在右方记录增加额，则就应该在左方记录减少额。究竟哪个账户的哪一方用来登记增加额，哪一方用来登记减少额，要看账户反映的经济内容和账户的性质。但账户余额一般与增加额在同一方向。

第三章 复式记账原理和借贷记账法

第一节 复式记账原理

复式记账原理源于实践，是在对会计记账方法的改良中形成的。因此，研究复式记账原理，应从记账方法入手。

一、记账方法

所谓记账方法，是指经济业务发生后在账户中加以记录的方法。我们以前讲述的会计科目、账户仅是记录经济业务的名称和形式，要连续、完整、系统地记录经济业务，必须运用科学的记账方法。

记账方法应包括以下内容：反映经济事项性质和记录方向的会计记录符号的运用；对经济事项的基本内容的反映方式和记账规则；每笔经济业务记录的基本内容在账户中的排列顺序等。记账方法按其同一记录所涉及的账户数量分为单式记账法和复式记账法。

（一）单式记账法

单式记账法是对发生的每笔经济业务一般只在一个账户中记录的一种记账方法。如用库存现金支付一笔费用，只记录库存现金的减少，不记录费用的发生。若用库存现金购买原材料，记录库存现金减少，也记录原材料增加，但两笔记录是各自单独进行的，账户之间无直接联系。这种记账方法较为简单，但记录结果不全面、不系统，不能反映一项经济业务的发生对会计要素影响的全貌及经济业务的来龙去脉。在单式记账法下，账户之间无直接联系，也无相互平衡的关系，很难检查账户记录的真实性和正确性。目前，在我国会计实务中，企业一般不采用单式记账方法。

应该指出，单式记账法是会计方法演进的必经阶段，是人类共同运用过的一种记账方法。它适用于自然经济占主导地位的社会，可以反映和监督比较简单的经济活动过程。单式记账法是复式记账法建立的基础，没有单式记账法的发展就不可能有复式记账法的产生和发展。

（二）复式记账法

复式记账法是与单式记账法相对的一种记账方法。在复式记账法下，在每一项经济业务发生后，都在相互联系的两个或两个以上账户中以相等金额进行登记。例如，从银行提取现金 6000 元，这项经济业务的发生，一方面引起企业库存现金增加 6000 元，另一方面使得企业银行存款减少 6000 元。运用复式记账法记录此项经济业务，则在"库存现金"和"银行存款"这两个相互联系的账户中，以 6000 元相等的金额同时做记录，即一方面在"库存现金"账户中做增加 6000 元的记录，另一方面在"银行存款"账户中做减少 6000 元的记录。记录结果全面、完整地反映了上述业务引起的资产要素中库存现金和银行存款的增减变化和来龙去脉。

复式记账法的产生与西方资本主义经济的发展有着密切的联系，它的发展及演进经历了漫长的过程，至今已被世界公认为科学的记账方法。

二、复式记账原理

概括地说，对每项经济业务做双重登记的思想，是复式记账的本质。复式记账与单式记账比较，有其显著的理论特征：

（1）复式记账需要建立完善的会计账户体系，以满足其对每项经济业务的全面反映和记录。

（2）复式记账对发生的每一项经济业务都必须在两个或两个以上相互联系的账户中记录，通过账户记录反映该项经济业务引起的会计要素变化过程及全貌。

（3）复式记账对发生的每一项经济业务都要以相等的金额在两个或两个以上的账户中同时记录，并进行试算平衡，以验证账户记录的正确性和完整性。

复式记账与单式记账比较具有科学性。在会计核算方法体系中，复式记账占有重要位置。复式记账在世界各国会计实务中广泛应用，我国企业和行政事业单位会计核算中也普遍采用复式记账法。

复式记账法具体包括借贷记账法、增减记账法和收付记账法等。其中，借贷记账法在会计实务中应用最为广泛。我国《企业会计准则》规定：我国所有企业会计核算时均采用借贷记账法。

第二节　借贷记账法

一、借贷记账法的产生及发展

借贷记账法大约起源于十三四世纪的意大利。最初叫意大利式借贷簿记法，是意大利北部各城市为了适应商人的需要而自然发展起来的。这个时期，西方资本主义的商品经济有了发展，在商品交换中，为了适应商业资本和借贷资本经营者管理的需要，逐步形成了这种记账方法。1494 年，意大利传教士卢卡·帕乔利出版了一部名著《算术、几何与比例概要》。全书共分五卷：第一卷论述代数和算术；第二卷论述商业算术和代数；第三卷论述簿记；第四卷论述货币和兑换；第五卷论述纯粹几何学和应用几何学。其中，关于借贷复式记账法的论述列于该书第三卷第九部第十一篇《计算与记录要论》。本书全面、系统地总结了当时流行的威尼斯复式记账法，并从理论上给予了必要的阐述。这部著作不仅是意大利数学发展史的光辉篇章，而且还开创了会计发展史的新纪元，是人类最早的关于复式簿记的划时代的文献。这部著作的出版，宣告了中世纪会计的结束、近代会计的开始。"借"、"贷"两字的含义，最初是从借贷资本家的角度来解释的。借贷资本家以经营货币的借入和贷出为主要业务，对于借进的款项，记在贷主（creditor）名下，表示自身的债务增加；对于贷出的款项，则记在借主（debtor）名下，表示自身的债权增加。这样，"借"、"贷"两字分别表示债权（应收款）、债务（应付款）的变化。随着商品经济的发展，经济活动的内容日趋复杂化，经济业务也不再仅限于货币资金的借贷业务，而逐渐扩展到财产、损益和资本等的增减变化。这时，为了求得记账的一致，对于非货币资金借贷业务，也开始利用"借"、"贷"两字说明其变化情况。因此，"借"、"贷"逐渐失去了原来的字面含义，转化为记账符号，变成会计上的专门术语。到 15 世纪，借贷记账法逐渐完备，被用来反映资本的存在形态和所有者权益的增减变化。与此同时，资本主义国家的会计学者提出了借贷记账法的理论依据，即所谓"资产＝负债＋资本"的平衡公式（亦称会计方程式）。根据这个公式借贷的记账规则得以确立，借贷记账法成为一种科学的记账方法，并被世界上许多国家广泛采用。世界各国都采用借贷记账法，使得会计成为一种国际商业语言。由此可见，借贷记账法是以"借"、"贷"二字作为记账符号，记录会计要素增减变动情况的一种复式记账法。

借贷记账法以"借"、"贷"二字作为记账符号，并不是"纯粹的"、"抽象的"记账符号，而是具有深刻经济内涵的、科学的记账符号。从字面含义上看，"借"、"贷"二字的确是历史的产物，其最初的含义同债权和债务有关。随着商品经济的发展，借贷记账法得到广泛运用，记账对象不再局限于债权和债务关系，原来仅限于记录债权和债务关系的"借"、"贷"二字已不能概括经济活动的全部内容。它们表示的内容应该包括全部经济活动资金运动的来龙去脉，它们在原来含义的基础上进一步升华，获得了新的经济含义：

（1）代表账户中两个固定的部位。一切账户，均需设置两个部位记录某一具体经济事项数量上的增减变化（来龙去脉），账户的左方一律称为借方，账户的右方一律称为贷方。

（2）具有确切的、深刻的经济含义。"贷"字表示资金运动的"起点"（出发点），即表示会计主体所拥有的资金（某一具体财产、物资的货币表现）的"来龙"（资金从哪里来）；"借"字表示资金运动的"驻点"（即短暂停留点，因资金运动在理论上没有终点），即表示会计主体所拥有的资金的"去脉"（资金的用途、去向或存在形态）。这是由资金运动的内在本质决定的。

二、借贷记账法的理论依据

由于借贷记账法的对象是会计要素的增减变化及其结果。在我们前面讲述的会计要素中，资产、负债、所有者权益三大会计要素之间存在着恒等关系，即会计恒等式：

资产＝负债＋所有者权益

这个恒等式即为借贷记账法的理论依据。当一个会计要素的项目发生变化时，另一个或两个会计要素的项目也随着发生变化，但无论怎样变化，都保持会计要素之间的平衡，即保持项目之间的恒等关系。只有保持会计要素之间的平衡关系，在相关的账户中进行等额登记，才能保证记录经济业务的完整性。所以说，会计恒等式是借贷记账法的理论基础。

三、记账符号和账户结构

如前所述，借贷记账法以"借"、"贷"二字为记账符号。

借贷记账法的账户基本结构是：每一个账户都分为"借方"和"贷方"，一般来说规定账户的左方为"借方"，账户的右方为"贷方"。如果我们在账户的借方记录经济业务，可以称为"借记某账户"；在账户的贷方记录经济业务，则可以称为"贷记某账户"。在借贷记账法下，其账户按会计要素分为六大类，即资产类、负债类、所有者权益类、收入类、费用类和利润类。

1. 资产类账户

资产类账户的结构是：账户的借方记录资产的增加额，贷方记录资产的减少额。在一个会计期间内（年、季、月），借方记录的合计数额称作借方发生额，贷方记录的合计数额称作贷方发生额，在每一会计期间的期末将借、贷方发生额相比较，其差额称作期末余额。资产类账户的期末余额一般在借方。例如，"原材料"账户，借方记录的增加额要大于（至少等于）贷方记录的减少额，所以形成期末借方余额（或无余额），期末借方余额转到下一期就成为期初借方余额。用公式可以表示如下：

资产类账户期末借方余额＝期初借方余额＋本期借方发生额－本期贷方发生额

如果用"丁"字账户来表示，见图3—1。

借方		资产类账户	贷方	
期初余额	×××	①减少额	×××	
①增加额	×××	②减少额	×××	
②增加额	×××			
本期发生额	×××	本期发生额	×××	
期末余额	×××			

图3—1　资产类"丁"字账户

2. 负债及所有者权益类账户

负债及所有者权益类账户的结构是：账户贷方（右方）记录各项负债及所有者权益的增加额；账户借方（左方）记录各项负债及所有者权益的减少额；在同一会计期内各项负债及所有者权益的贷方发生额与借方发生额相抵后为期末余额，期末余额一般在贷方，其计算公式：

$$\text{负债及所有者权益期末贷方余额} = \text{期初贷方余额} + \text{本期贷方发生额} - \text{本期借方发生额}$$

负债及所有者权益类账户结构用"丁"字账户表示，见图3—2。

借方	负债及所有者权益账户		贷方
①减少额	×××	期初余额	×××
②减少额	×××	①增加额	×××
		②增加额	×××
本期发生额	×××	本期发生额	×××
		期末余额	×××

图 3—2　负债类及所有者权益类"丁"字账户

3. 收入类、费用类和利润类账户

企业在生产经营中要有各种耗费,有成本、费用发生,在成本、费用抵消收入以前,可以将其看为一种资产。所以,费用类账户的结构与资产类账户的结构基本相同,账户的借方记录费用的增加额,账户的贷方记录费用转入利润类账户(减少)的数额。由于借方记录的费用的增加额一般都要通过贷方转出,所以账户通常没有期末余额。

收入类账户的结构则与负债及所有者权益的结构一样,收入的增加额记入账户的贷方,收入的转出额(减少额)则应记入账户的借方。由于贷方记录的收入增加额一般要通过借方转出,所以账户通常也没有期末余额。

费用类与收入类账户用"丁"字账户表示,见图 3—3。

借方	费用类账户		贷方
①增加额	×××	①转出额	×××
②增加额	×××		
本期发生额	×××	本期发生额	×××

借方	收入类账户		贷方
①转出额	×××	①增加额	×××
		②增加额	×××
本期发生额	×××	本期发生额	×××

图 3—3　费用类与收入类"丁"字账户

利润类账户的核算,在本书第四章第六节中介绍。

综上所述,"借"、"贷"二字作为记账符号所表示的含义是不同的。

借字表示:资产的增加,费用的增加,负债及所有者权益的减少,收入的转销。

贷字表示：资产的减少，费用的转销，负债及所有者权益的增加，收入的增加。

一般来说，各类账户的期末余额与记录增加额的一方在同一方向，即资产类账户的期末余额一般在借方，负债及所有者权益类账户的期末余额一般在贷方。因此，根据账户余额所在的方向来判定账户性质，成为借贷记账法的一个重要特点。

用"丁"字账户来表示全部账户结构，见图 3—4。

借方	账户名称（会计科目）	贷方
资产增加，费用增加，负债及所有者权益减少，收入转销		资产减少，费用转销，负债及所有者权益增加，收入增加
期末余额：资产余额		期末余额：负债及所有者权益余额

图 3—4　所有账户的"丁"字结构

四、借贷记账法的记账规则

记账规则是记账方法的核心，它体现不同记账方法的本质特征。借贷记账法的记账规则是：根据复式记账原理及借贷记账法下账户结构的特点，每一笔经济业务都以相等的金额，按借、贷相反的方向，在两个或两个以上账户中等额登记，即一个账户记借方，同时另一个（或几个）账户记贷方；或者一个账户记贷方，同时另一个（或几个）账户记借方。其借贷金额相等、方向相反。借贷记账法的记账规则可以概括为：有借必有贷，借贷必相等。

在借贷记账法记账规则的实际运用中，分为以下五个步骤：

（1）明确业务事项是否属于会计核算的内容。

（2）分析业务对会计要素的影响——落实到具体会计科目（账户）。

（3）分析业务的影响结果——引起具体会计科目（账户）的增加还是减少。

（4）运用借贷记账法确认经济业务应记入的账户、方向。

（5）将分析结果在相关的账户（"丁"字账户）中记录。

以下举例说明借贷记账法记账规则的运用。

[例 3—1] 万通公司 2007 年 5 月 1 日用库存现金购入一批原材料，价款1000 元。

这项经济业务，使企业的原材料增加 1000 元，同时使企业的库存现金减少 1000 元，它涉及"原材料"和"库存现金"这两个资产类账户。材料的增加是资产的增加，应记入"原材料"账户的借方，库存现金的减少是资产的减少，应记入"库存现金"账户的贷方。这项经济业务在账户中登记的结果，见图 3—5。

借方	原材料	贷方		借方	库存现金	贷方
1000						1000

图 3—5　用库存现金购入原材料

[例 3—2] 5 月 3 日，向银行借入短期借款 100000 元，偿还应付账款。

这项经济业务，使企业的短期借款增加 100000 元，同时使企业应付供货单位的账款减少 100000 元，它涉及"短期借款"和"应付账款"这两个负债类账户。短期借款的增加是负债的增加，应记入"短期借款"账户的贷方，应付账款的减少是负债的减少，应记入"应付账款"账户的借方。这项经济业务在账户中登记的结果，见图 3—6。

借方	短期借款	贷方		借方	应付账款	贷方
		100000		100000		

图 3—6　用短期借款偿还应付账款

[例 3—3] 5 月 4 日，收到投资者投入资本金 200000 元，款项存入银行。

这项经济业务，使企业的银行存款增加 200000 元，同时，使所有者对企业的投资增加 200000 元，它涉及"银行存款"这个资产类账户和"实收资本"这个所有者权益类账户。银行存款的增加是资产的增加，应记入"银行存款"账户的借方，实收资本的增加是所有者权益的增加，应记入"实收资本"账户的贷方。这项经济业务在账户中登记的结果，见图 3—7。

借方	实收资本	贷方		借方	银行存款	贷方
		200000		200000		

图 3—7　收到投入资本

[例3－4] 5月5日以银行存款50000元，偿还到期的应付债券。

这项经济业务，使企业的银行存款减少50000元，同时，使企业应付债券减少50000元，它涉及"银行存款"这个资产类账户和"应付债券"这个负债类账户。银行存款的减少是资产的减少，应记入"银行存款"账户的贷方，应付债券的减少是负债的减少，应记入"应付债券"账户的借方。这项经济业务在账户中登记的结果，见图3－8。

借方	银行存款	贷方		借方	应付债券	贷方
		50000			50000	

图3－8　以银行存款偿还应付债券

[例3－5] 5月8日，购入新机器设备5台，价值共计100000元。已安装完毕，价款以开出转账支票付讫。

这笔业务使得企业的固定资产增加100000元，同时，使企业的银行存款减少100000元，涉及"固定资产"和"银行存款"这两个资产类账户。固定资产的增加应记入"固定资产"账户的借方。银行存款的减少应记入"银行存款"的贷方。这项经济业务在账户中登记的结果，见图3－9。

借方	银行存款	贷方		借方	固定资产	贷方
		100000			100000	

图3－9　以银行存款购入固定资产

[例3－6] 5月8日，以银行存款50000元交纳所得税费用32000元和分配利润18000元。

这笔业务使得企业的银行存款减少50000元，同时，使企业的应交税费和应付利润减少50000元，涉及"银行存款"这个资产类账户和"应交税费"、"应付利润"这两个负债类账户。银行存款的减少应记入"银行存款"账户的贷方，应交税费与应付利润的减少应记入"应交税费"和"应付利润"的借方。这项经济业务在账户中登记的结果，见图3－10。

借方 银行存款 贷方	借方 应交税费 贷方	借方 应付利润 贷方
50000	32000	18000

图 3—10 以银行存款交税和分配利润

［例 3－7］5 月 20 日，销售产品一批，取得收入 200000 元，款项已存入银行。

这笔业务使得资产类账户中的"银行存款"和收入类账户中的"主营业务收入"发生变化，两类账户同时增加。一方面银行存款因存入而增加 200000 元，应记入"银行存款"账户的借方；另一方面收入增加 200000 元，应记入"主营业务收入"账户的贷方。这项经济业务在账户中登记的结果，见图 3—11。

借方 银行存款 贷方	借方 主营业务收入 贷方
200000	200000

图 3—11 销售产品并收回货款

［例 3－8］5 月 30 日，用库存现金支付办公费 1500 元。

这笔业务使得资产类账户中的"库存现金"和费用类账户中的"管理费用"发生变化。一方面库存现金减少 1500 元，应记入"库存现金"账户的贷方；另一方面费用增加 1500 元，应记入"管理费用"账户的借方。这项经济业务在账户中登记的结果，见图 3—12。

借方 库存现金 贷方	借方 管理费用 贷方
1500	1500

图 3—12 用库存现金支付办公费

通过以上例子可以看出，不论经济业务的类型如何，在运用借贷记账法时，每一项经济业务发生后，都要在两个或两个以上账户中进行登记，而且要按照相等的金额登记在一个账户的借方和另一个账户的贷方。这进一步验证了借贷记账法的记账规则：有借必有贷，借贷必相等。

根据以上所举经济业务，借贷记账法的记账规则可用图 3—13 表示。

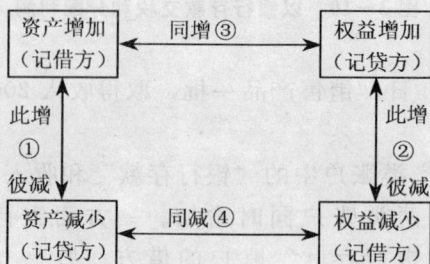

图 3—13　借贷记账法的记账规则

采用借贷记账法，在某项经济业务发生时，总会在有关账户之间形成应借、应贷的关系。我们把账户之间应借、应贷的相互关系，叫做账户的对应关系，把形成对应关系的账户，叫做对应账户。例如，用库存现金购买原材料这项业务，要分别在"原材料"账户的借方和"库存现金"账户的贷方进行登记。"原材料"和"库存现金"这两个账户之间就发生了相互对应关系，这两个账户就互为对应账户。

通过账户对应关系，可以了解经济业务的内容，检查经济业务的合法性与合理性。

在借贷记账法下，为了连续、系统地记录资产、负债和所有者权益的变化，清晰地反映各个账户之间的对应关系，应该首先分析每项经济业务的内容，确认应记入的账户，应借、应贷的方向和应记的金额，然后再记入有关分类账户中。这种指明每项经济业务应借、应贷的账户名称及其金额的记录，称为会计分录，简称分录。在实际工作中，这项工作是在记账凭证上完成的。

会计分录的内容包括借、贷符号，应借、应贷账户和金额三部分。

关于会计分录的编制格式，有两点惯例：

第一，应是先借后贷，借贷分行，借方在上，贷方在下；

第二，贷方记账符号、账户、金额都要比借方退后一格，表明借方在左，贷方在右，金额后面不带单位"元"。

初学者在编制会计分录时，可以按以下步骤进行：①分析经济业务涉及哪些账户。②分析涉及的这些账户的性质，即它们各属于什么会计要素，位于会计等式的左边还是右边。③分析确定这些账户是增加了还是减少了，金额是多少。④根据账户的性质及其增减变化情况，确定分别记入账户的借方还是贷方。⑤根据会计分录的格式要求，编制完整的会计分录。

[例3-9] 将库存现金 15000 元送存银行。

分析：

涉及账户：	库存现金	银行存款
账户性质：	资产类	资产类
增减变化：	减少	增加
记账方向：	贷方	借方

会计分录为：

借：银行存款　　　　　　　　　　15000
　　贷：库存现金　　　　　　　　　　　15000

会计分录可分为简单会计分录和复合会计分录。简单会计分录，是指由一个账户的借方与另一个账户的贷方相对应所组成的会计分录，以上 [例3-1] 至 [例3-5] 及 [例3-7]、[例3-8] 都是简单会计分录。复合会计分录，是指一个账户的借方与两个以上账户的贷方相对应，或者一个账户的贷方与两个以上账户的借方相对应所组成的会计分录，[例3-6] 是复合会计分录。应当指出，为了使账户对应关系清楚，在借贷记账法下，复合会计分录只能一借多贷或一贷多借，一般不编制多借多贷的会计分录。但在某些特殊情况下，为了反映经济业务的全貌，也可以编制多借多贷的会计分录。

五、借贷记账法的试算平衡

运用借贷记账法在账户中记录经济业务时，可能会发生这样或那样的人为错误。为此，还必须依据会计恒等式和借贷记账法的记账规则，确立科学的、简便的、用于检查和验证账户记录是否正确的方法，以便找出错误，及时予以改正。这种检查和验证账户记录正确性的方法，在会计上称之为试算平衡。

试算平衡是指根据资产和负债及所有者权益之间的平衡关系，通过对所有账户的发生额或余额的汇总计算和比较，来检查各类账户记录是否正确的一种方法。

借贷记账法的记账规则是"有借必有贷，借贷必相等"，按照这个记账规则编制会计分录，每笔会计分录借、贷两方的发生额必然相等，从而将一定时期内各项经济业务的会计分录全部登记入账后，所有账户的本期借方发生额合计数与本期贷方发生额合计数必然相等；在期末结出各账户期末余额后，所有账户的期末借方余额合计数与期末贷方余额合计数也必然相等。因此，在借贷记账法下，可以采用发生额平衡法或余额平衡法进行试算平衡。

发生额平衡公式为：

所有账户本期借方发生额合计数＝所有账户本期贷方发生额合计数

余额平衡公式为：

所有账户期末借方余额合计数＝所有账户期末贷方余额合计数

每个月结束时，在已经结出各个账户的本月发生额和月末余额后，试算平衡一般是通过编制试算平衡表来进行。试算平衡表分两种：一种是将本期发生额和期末余额试算平衡分别列表编制，见表 3－1 和表 3－2；另一种是将本期发生额和期末余额合并在一张表上进行试算平衡，见表 3－3。

表 3－1 　　　　　　　　　　**总分类账户余额试算平衡表**

年　　　月　　　　　　　　　　　　　　　　　单位：元

会计科目	借方余额	贷方余额
合　计		

表 3－2 　　　　　　　　　　**总分类账户本期发生额试算平衡表**

年　　　月　　　　　　　　　　　　　　　　　单位：元

会计科目	借方发生额	贷方发生额
合　计		

表3—3　　　　　　　总分类账户本期发生额、期末余额试算平衡表

年　　　月　　　　　　　　　　　　单位：元

会计科目	期初余额		本期发生额		期末余额	
	借方	贷方	借方	贷方	借方	贷方
合　计						

　　通过试算平衡表来检查账簿记录是否平衡并不是绝对的。如果借贷不平衡，就可以肯定账户的记录或计算有错误。但是如果借贷平衡，却不能肯定记账没有错误，因为有些错误并不影响借贷双方平衡。例如，重记或漏记某些经济业务，或者将借贷方向记反，就不能通过试算平衡表来发现。

第四章 借贷记账法的应用

第一节 企业经济业务概述

企业生产经营活动的正常进行，需要有货币资金、固定资产、原材料等资产，这些资产的来源主要是所有者的投资和债权人的贷款。企业利用投资者的投资和债权人的贷款购建正常生产经营所需要的资产，并将资产投入生产过程，消耗一定的成本和费用，同时生产出产品，然后通过销售转化为货币，形成主营业务收入。收入抵补各项耗费后，对实现的利润进行分配，或对出现的亏损进行弥补，这些就构成了企业的主要经济业务。企业经济业务可分为资金筹集业务、采购业务、生产业务、销售业务和财务成果分配业务。

在资金筹集阶段，企业应采取各种筹资方式，从一定的渠道筹集经营资金。资金筹集是企业经营资金运动全过程的起点。在这一过程中，投资者向企业投入资金，形成企业的资本金；向债权人借入各种借款，形成企业的借入资金。企业筹集的资本金和借入资金，投入企业的生产经营过程，就形成企业的经营资金。

在采购过程中，企业主要是购置固定资产、购买原材料等。企业以货币资金购建固定资产，要发生各项购建支出；企业以货币资金购买原材料，要支付材料价款和采购费用。这些固定资产购建业务、材料采购业务，以及与供应单位之间的货款结算业务，就是采购过程中的基本经济业务。

在生产过程中，劳动者运用劳动资料对劳动对象进行加工，生产出满足市场需要的产品。在这一过程中，要发生各种各样的耗费，如要发生材料费用、固定资产折旧费用、工资费用，以及其他各项费用。这些费用都需要分配、归集到各种产品中去，以计算产品的生产成本。因此，生产费用的发生、归集和分配，产品生产成本的计算，完工产品的验收入库等，就成为生产过程中的基本经济业务。

在销售过程中，企业将产品销售给购货单位，并办理结算，收回货款；在形成主营业务收入时，还要结转已销产品的成本；销售产品要发生各项销售费用；产品销售后还要依法缴纳销售税金。因此，销售产品、结转产品的成本、发生销售费用、缴纳销售税金，以及由此引起的企业同其他单位之间的结算业务，就是销售过程中的基本经济业务。

在产品销售过程结束后，企业应将主营业务收入同主营业务成本、销售费用、销售税金进行比较，计算盈亏，确定企业的最终财务成果。对于实现的利润，要依法计算缴纳所得税，对于税后利润再按有关规定进行分配。因此，计算盈亏、缴纳所得税、进行利润分配等，就成为财务成果核算过程中的基本经济业务。

在以上所叙述的生产经营过程中，资金筹集、采购、产品生产、产品销售以及利润的形成和分配，五个过程首尾相连，构成了制造业企业的主要经济业务。为了全面、连续、系统地反映和监督企业的生产经营活动过程和结果，也就是企业再生产过程中的资金运动，企业必须根据各项经济业务的具体内容和管理要求，相应地设置不同的账户，并运用借贷记账法对各项经济业务的发生进行账务处理，以提供管理上所需要的各种会计信息。

第二节　资金筹集业务的核算

企业的资金筹集业务主要包括投资者投入资本和债权人借入资金两类业务，它们虽然都属于企业资产的来源，但性质不同。下面分别说明这两类业务的账户设置和账务处理。

一、投入资本的核算

我国有关法律规定，企业设立时，为使企业具备从事生产经营的必要条件，保证企业从事生产经营活动的需要，作为企业的所有者，必须向企业注入一定的资本金。资本金是指企业在工商行政管理部门登记的注册资本。设立企业必须达到法定注册资本的最低限额。资本金按照投资主体分为国家资本金、法人资本金、个人资本金以及外商资本金等。企业资本金的取得，可以采用国家投资、各方集资或者发行股票等方式筹集。

投资者按照企业章程或合同、协议的约定实际投入企业的资本，就是企业的实收资本。股份有限公司的投资者投入的资本是股本。投资者可以采用库存现金、银行存款、实物资产、无形资产等形式向企业投资。

根据资本保全规则，投资者投入企业的资本，除法律、法规另有规定外，投资者不得随意抽回。

（一）账户设置

为了反映和监督投资者投入资本的增减变动情况，应设置"实收资本"账户。该账户属于所有者权益类账户，其贷方登记企业实际收到的投资人投入的资本，借方登记投入资本的减少额，期末余额在贷方，表示企业实有的资本或股本数额。"实收资本"账户一般应按投资人设置明细账。

实收资本

实收资本的减少额	企业实际收到的投资人投入的资本
	企业实有的资本或股本数额

（二）账务处理

企业的实收资本应按以下规定核算：

（1）投资者以货币资金投入的资本，应当以实际收到或者存入企业开户银行的金额作为实收资本入账。

（2）投资者以非货币资金投入的资本，应按投资各方确认的价值作为实收资本入账。

下面举例说明投入资本的账务处理方法（本章例题为万通公司 2007 年 3 月所发生的经济业务）。

［例 4—1］万通公司是由实达集团在 2007 年 1 月直接投资建立的，注册资本为 2000000 元，2007 年 3 月 1 日收到某公司追加投资 1500000 元，所得款项已存入银行。

这项经济业务的发生，一方面使企业的银行存款增加了 1500000 元，另一方面其他单位对企业的投资也增加了 1500000 元。这项经济业务影响到资产和所有者权益这两个会计要素，涉及"银行存款"和"实收资本"两个账户。银行存款的增加是资产的增加，应记入"银行存款"账户的借方；其他单位对企业投资的增加是所有者权益的增加，应记入"实收资本"账户的贷方。这项经济业务应编制的会计分录为：

借：银行存款   1500000

　　　　贷：实收资本　　　　　　　　　　1500000

二、借入资金的核算

　　企业的借入资金主要是通过向银行或其他非金融机构借入各种借款，或者对外发行债券形成的。企业取得的借款和债券均属于负债，按归还期限长短的不同，可分为流动负债和长期负债。企业借入的归还期在一年以内（含一年）的借款，是短期借款，属于流动负债；借入的归还期在一年以上（不含一年）的借款，是长期借款，属于长期负债。

（一）账户设置

　　为了反映和监督企业借入的归还期限不同的各种借款，应分别设置"短期借款"和"长期借款"两个账户。这里仅介绍短期借款的核算。"短期借款"账户用来核算企业借入的期限在一年以内的各种借款的取得、偿还及结欠情况。该账户属于负债类账户，其贷方登记取得的各种短期借款，借方登记偿还的各种短期借款；期末余额在贷方，表示企业期末尚未偿还的短期借款的本金。该账户应按债权人和借款种类设置明细账，进行明细分类核算。

短期借款

短期借款的减少额	短期借款的增加额
	期末余额：尚未归还的短期借款额

（二）账务处理

　　短期借款业务包括取得借款、支付利息和偿还借款三项主要内容。企业从银行取得各种短期借款时，应按实际取得的借款额计价入账。企业还应该按期支付借款利息，支付的利息列作财务费用。企业应按期如数偿还借款，按实际偿还金额，冲减短期借款。

　　下面举例说明短期借款的账务处理方法。

　　〔例4－2〕万通公司于3月3日从银行取得短期借款90000元，期限为6个月，利息为6%。银行通知款项已经划入银行存款账户。

　　这项经济业务的发生，一方面使企业的银行存款增加了90000元，另一方面使企业的短期借款也增加了90000元，这项经济业务影响到资产和负债这两个会计要素，涉及"银行存款"和"短期借款"这两个账户。银行存款的增加是资产的增加，应记入"银行存款"账户的借方；短期借款的增加是负债的增加，应记入"短期借款"账户的贷方；两个账户所记的金额都是 90000 元。这项经济业务应编制的会计分录为：

　　借：银行存款　　　　　　　　　　　　　90000
　　　　贷：短期借款　　　　　　　　　　　　　90000

　　[例 4—3] 3 月 5 日，万通公司欠红阳公司的应付账款到期，向银行借款 60000 元直接偿还应付账款。

　　这项经济业务的发生，一方面使应付账款减少了 60000 元，另一方面使短期借款增加了 60000 元，这项经济业务影响到负债这一个会计要素，涉及"应付账款"和"短期借款"两个账户。应付账款的减少是负债的减少，应记入"应付账款"账户的借方，短期借款的增加是负债的增加，应记入"短期借款"账户的贷方；两个账户所记的金额都是 60000 元。这项经济业务应编制的会计分录为：

　　借：应付账款——红阳公司　　　　　　　60000
　　　　贷：短期借款　　　　　　　　　　　　　60000

第三节　采购业务的核算

　　企业的采购过程，是生产的准备过程。采购过程的主要经济业务包括固定资产购置业务和材料采购业务。现分别说明这两类业务的账户设置和账务处理方法。

一、购置固定资产的核算

　　固定资产是指企业在生产经营过程中可供长期使用，并且保持原有实物形态的资产。它是企业用来改变或影响劳动对象的主要劳动材料，是企业进行生产经营活动必不可少的物质基础。在实际工作中，使用期限超过一年的房屋、建筑物、机器、机械、运输工具以及其他与生产经营有关的设备、器具、工具等资产应作为固定资产；不属于生产经营主要设备的物品，单位价值在 2000 元以上，并且使用期限超过两年的，也应作为固定资产。

　　(一) 账户设置

　　为了反映企业固定资产的增减变化及其结存情况，应设置"固定资产"账户。该账户是按原始价值核算固定资产增减变动的资产类账户，其借方登记增加固定资产的原始价值，贷方登记减少固定资产的原始价值；期末余额在借方，表示期末企业现有固定资产的账面原价。企业应当设置"固定资产登记簿"和"固定资产卡片"，按固定资产类别、使用部门和每项固定资产进行明细核算。

（二）账务处理

根据《企业会计制度》的规定，固定资产应按其取得时的成本作为入账的价值。取得时的成本包括买价、进口关税、增值税、运输和保险等相关费用，以及为使固定资产达到可使用状态前所必要的支出。固定资产取得时成本应当根据具体情况分别确定。购置的不需要安装即可使用的固定资产，按实际支付的买价、包装费、运输费、支付的有关税费等作为入账价值；购置的需要经过安装才可使用的固定资产，除上述成本之外，还需加上安装成本等使该项资产达到可使用状态前的实际支出，作为入账价值。

下面举例说明固定资产购入的账务处理方法。

[例4-4] 3月3日，万通公司购入新机器设备10台，共计950000元，已安装完毕，价款已开支票付讫。

这项经济业务的发生，一方面使固定资产增加了950000元，另一方面使银行存款减少了950000元。由于固定资产和银行存款都属于资产要素，所以，这项经济业务影响到资产要素内两个项目的一增一减，涉及"固定资产"和"银行存款"两个账户。固定资产的增加是资产的增加，应记入"固定资产"账户的借方；银行存款的减少是资产的减少，应记入"银行存款"账户的贷方。这项经济业务的会计分录为：

借：固定资产　　　　　　　　　　　　950000
　　贷：银行存款　　　　　　　　　　　　　　950000

二、材料采购的核算

材料采购业务的主要核算内容是材料实际采购成本的形成、材料的验收入库，以及采购过程中与供货单位之间的货款结算等。

购进材料时，企业要与供应单位或其他有关单位办理款项的结算，支付采购材料的买价和运输费、装卸费、运输途中的合理损耗、入库前的挑选整理费用等各种采购费用。材料运达企业后应由仓库验收并保管，以备生产车间或管理部门领用。采购过程中支付给供应单位的材料价款和发生的各项采购费用，构成材料的采购成本。

企业所购进的材料验收入库，或材料未到但已为该项材料支付货款后，企业就拥有了该项材料的所有权,该项材料即应被作为一项资产加以确认。当生产车间或管理部门领用材料时,该项材料被作为一项费用加以确认。期末全部库存材料被作为资产负债表中的一项流动资产来反映。购进材料按是否支付货款和采购费用分类,分为:①购进材料时直接支付货款及采购费用。由于支付货款,使企业的某些资产减少,某些资产增加。②购进材料未付款,在将来规定的时间内以企业的经济资源来偿还。期末全部应付账款作为资产负债表中的一项流动负债来反映。③先预付货款,后取得材料。企业虽先付款,但并未取得材料,不能作为材料增加处理。它实际上是转移一笔款项,所以表现为企业某项资产增加,某项资产减少。

一般将历史成本作为购进材料的计量基础,即按采购材料时付出的实际采购成本计价。根据《企业会计准则》的规定,材料一旦按实际采购成本计价入账后,一般情况下不再调整其账面价值。如果材料的可变现净值低于历史成本,材料应按可变现净值计量。

(一)账户设置

为了总括地对材料采购业务进行核算,应根据经济业务的具体内容设置三类账户:一类反映企业在采购过程中发生的买价和采购费用,如"材料采购"账户;一类反映库存材料收、发、结存情况,如"原材料"账户;一类反映企业结算材料款及采购费用情况,如"库存现金"、"应付账款"、"预付账款"账户。

1. "材料采购"账户

它是反映企业在采购过程中发生的买价和采购费用的账户。材料按实际采购成本计价,而实际采购成本又包括买价和运输费、包装费等采购费用。采购成本的各构成要素在支付时间上有先后,为了能归集材料的采购成本,需要设置"材料采购"账户。该账户的借方用于归集材料的采购成本;待将采购成本归集完毕,材料入库后,从贷方转入"原材料"账户;其借方余额表示已付款未入库的材料成本。

材料采购

购入材料等物资的买价和采购费用	结转的入库材料等物资的采购成本
期末余额:在途物资的采购成本	

2. "原材料"账户

它是反映材料收、发、结存情况的账户。材料验收入库时,按入库材料的实际采购成本借记"原材料"账户；领用或发出材料时，按发出材料的实际采购成本贷记"原材料"账户；其借方余额表示库存材料的实际采购成本。

原材料

验收入库材料的成本	发出材料的成本
期末余额：库存材料成本	

3. "库存现金"账户

为了总括地核算和监督企业库存现金的收、付和结存情况，应设置"库存现金"账户。企业收到库存现金时，按实收金额借记"库存现金"科目；支出现金时，按实际支出金额贷记"库存现金"科目；其借方余额表示库存现金的实际数额。

4. "银行存款"账户

为了总括地核算和监督企业存放在银行的款项的收、付和结存情况，应设置"银行存款"账户。企业收到款项存入银行时，按实际存入银行的款项借记"银行存款"科目；提取和支出存款时，按实际提取或支出金额贷记"银行存款"科目；其借方余额表示存放在银行的实际款项。

5. "应付账款"账户

为了核算和监督企业因购买材料而与供应单位发生的结算债务增减变化情况和结果，应设置"应付账款"科目。发生应付供应单位款项时，按实际应付款项，贷记"应付账款"科目；归还供应单位款项时，按实际归还的款项借记"应付账款"科目；其贷方余额表示实际应付给供应单位的款项。

应付账款

已偿付给供应单位的款项	应付供应单位款项的增加额
期末余额：支付给供应单位的款项大于应付的款项额	期末余额：尚未偿还的应付账款

6. "预付账款"账户

为了总括地核算和监督企业因购买材料预付货款，而与供应单位发生的结算债权增减变化情况和结果，应设置"预付账款"科目；收到供应单位提供的产品或劳务时，冲销预付供应单位款项，贷记"预付账款"科目；其借方余额表示尚未收到产品的预付款项。

材料采购主要经济业务的核算，可用图4—1表示。

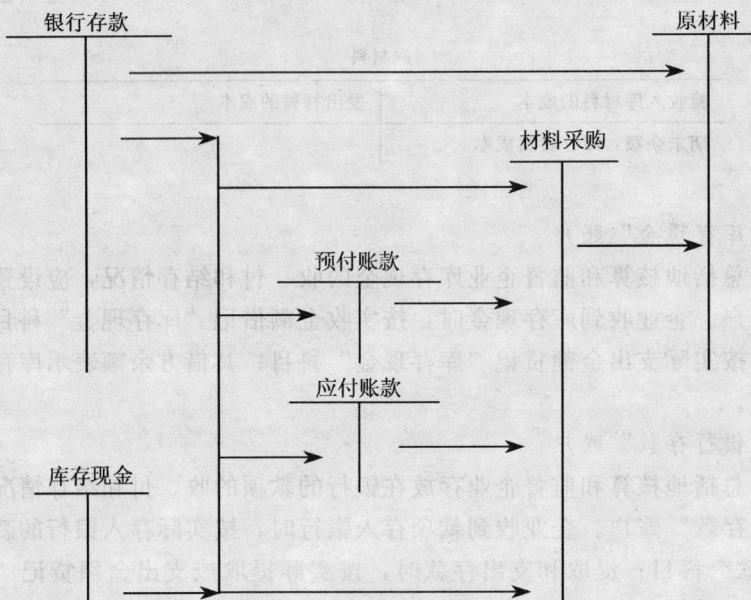

图4—1　材料采购业务的核算

（二）账务处理

[例4—5] 3月8日，万通公司向红阳公司购进甲材料7000千克，每千克单价30元，计210000元；向华新公司购进乙材料5000千克，每千克单价20元，计100000元；向华明公司购进丙材料8000千克，每千克单价25元，计200000元。上述材料均已验收入库，并开出转账支票，以银行存款支付甲、乙材料款，丙材料的款项尚未支付。

这项经济业务的发生，使原材料增加了510000元。但它只是材料采购成本的一部分，其他的费用还未发生，故应将其记入"材料采购"账户，待归集全面后再转为原材料。这项经济业务使银行存款减少310000元，应付账款增加200000元。所以这项经济业务涉及"材料采购"、"银行存款"和"应付账款"三个账户。库存材料的增加，应记入"材料采购"账户的借方；银行存款的减少，应记入"银行存款"的贷方；应付货款的增加应记入"应付账款"账户的贷方。这项经济业务的会计分录如下：

借：材料采购　　　　　　　　　　　　510000

　　　　贷：银行存款　　　　　　　　　　310000

　　　　　　应付账款——华明公司　　　　200000

　　［例4-6］3月9日，万通公司以银行存款支付甲、乙、丙三种材料的运输费7800元。

　　这项经济业务的发生，一方面使材料采购的费用增加了7800元，另一方面使企业的银行存款减少了7800元，涉及"材料采购"、"银行存款"账户。采购费用的增加，应借记"材料采购"科目；银行存款的减少，应贷记"银行存款"科目。这项经济业务的会计分录如下：

　　　　借：材料采购　　　　　　　　　　7800

　　　　　　贷：银行存款　　　　　　　　　　7800

　　［例4-7］同日，万通公司以库存现金支付甲、乙、丙三种材料的搬运费500元。

　　这项经济业务的发生，一方面使材料采购的费用增加500元，另一方面使企业的库存现金减少500元，涉及"材料采购"和"库存现金"两个账户。采购费用的增加应借记"材料采购"科目；库存现金的减少应贷记"库存现金"科目。这项经济业务的会计分录如下：

　　　　借：材料采购　　　　　　　　　　500

　　　　　　贷：库存现金　　　　　　　　　　500

　　［例4-8］甲、乙、丙三种材料的采购成本全部归集完毕，其采购成本为518300元。此时，应将实际采购成本从"材料采购"账户转入"原材料"账户，编制会计分录如下：

　　　　借：原材料　　　　　　　　　　　518300

　　　　　　贷：材料采购　　　　　　　　　　518300

　　同时，为了简化核算，企业通常在月末将本月全部购入并入库的材料汇总起来一并结转。

　　［例4-9］3月10日，万通公司将10000元的银行存款预付给本市的华光公司，用于购买材料。

　　这项经济业务的发生，一方面使企业的预付货款增加，另一方面使银行存款减少，涉及"预付账款"和"银行存款"两个账户。预付货款的增加应借记"预付账款"科目；银行存款的减少应贷记"银行存款"科目。这项经济业务的会计分录如下：

　　　　借：预付账款——华光公司　　　　10000

　　　　　　贷：银行存款　　　　　　　　　　10000

[例4—10] 3月30日，万通公司收到预付货款的材料，并验收入库。该批材料的实际买价为20000元，除冲销原预付的10000元货款外，以银行存款支付其余的10000元。同时，以库存现金支付采购费用200元。

这项经济业务的发生，一方面使库存材料增加了20200元（即20000＋200），另一方面使银行存款减少了10000元，预付账款减少了10000元，库存现金减少了200元。为了便于集中材料的采购成本，这项经济业务涉及"原材料"、"银行存款"、"预付账款"和"库存现金"四个账户。付款时按实际采购成本借记"原材料"科目；银行存款减少，贷记"银行存款"科目；冲销预付货款，贷记"预付账款"科目；库存现金减少，贷记"库存现金"科目。这项经济业务编制的会计分录如下：

借：原材料　　　　　　　　　　　　　20200
　　贷：银行存款　　　　　　　　　　　10000
　　　　预付账款　　　　　　　　　　　10000
　　　　库存现金　　　　　　　　　　　　200

三、发出材料的计价方法

在企业的整个生产经营过程中，材料始终处于流动状态，原有的材料被领用、耗费，新的材料陆续被补充进来，加之材料的产地、价格、运输距离等条件不同，使同一种材料的每批采购成本往往不完全相等。因此，发出材料时需考虑其计价问题。发出材料的计价方法主要有先进先出法、加权平均法、个别认定法等方法。

资料：红星工厂2007年6月A商品的期初结存和本期购销情况见表4—1：

表4—1　　　　　　　　A商品的期初结存和本期购销情况

日　期	业　务	数量（件）	单价（元）	金额（元）
6月1日	期初结存	150	60	9000
6月8日	销售	70		
6月15日	购进	100	62	6200
6月20日	销售	50		
6月24日	销售	90		
6月28日	购进	200	68	13600
6月30日	销售	60		

（一）先进先出法

该方法假定"先入库的存货先发出去"，根据这一前提，销售或耗用存货的成本应顺着收入存货批次的单位成本次序计算。当然，这仅是为了计价，与物品实际入库或发出的次序并无多大关系。

本例采用先进先出法计价，库存商品明细分类账的登记结果见表4－2。

表4－2　　　　　　　　　　　　A 商品明细账

2007年		摘要	收　入			发　出			结　存		
月	日		数量（件）	单价（元）	金额（元）	数量（件）	单价（元）	金额（元）	数量（件）	单价（元）	金额（元）
6	1	期初结存							150	60	9000
	8	销售				70	60	4200	80	60	4800
	15	购进	100	62					80 100	60 62	11000
	20	销售				50	60	3000	30 100	60 62	8000
	24	销售				30 60	60 62	1800 3720	40	62	2480
	28	购进	200	68	13600				40 200	62 68	16080
	30	销售				40 20	62 68	2480 1360	180	68	12240
		本期销售成本				270		16560			

（二）加权平均法

加权平均法，又分一次加权平均法和移动加权平均法两种。

采用一次加权平均法，本月销售或耗用的存货，平时只登记数量，不登记单价和金额，月末按一次计算的加权平均单价，计算期末存货成本和本期销售或耗用成本。存货的平均单位成本的计算公式为：

$$存货单位成本 = \frac{月初结存金额 + \sum \left(\substack{本月各批收货 \\ 的实际成本} \times \substack{本月各批 \\ 收货的数量} \right)}{月初结存数量 + 本月各批收货数量之和}$$

$$= \frac{9000 + 6200 + 13600}{150 + 100 + 200} = 64 \text{（元）}$$

本月发出存货成本＝本月发出存货数量×存货单位成本

$$＝（70＋50＋90＋60）×64＝17280（元）$$

月末库存存货成本＝月末库存存货数量×存货单位成本

$$＝180×64＝11520（元）$$

按一次加权平均法计算期末库存商品成本和本期销售成本，以及库存商品明细账的登记结果，见表4—3。

表4—3　　　　　　　　　　A商品明细账

2007年		摘要	收　入			发　出			结　存		
月	日		数量（件）	单价（元）	金额（元）	数量（件）	单价（元）	金额（元）	数量（件）	单价（元）	金额（元）
6	1	期初结存							150	60	9000
	8	销售				70			80		
	15	购进	100	62	6200				180		
	20	销售				50			130		
	24	销售				90			40		
	28	购进	200	68	13600				240		
	30	销售				60			180		11520
		本期销售成本				270	64	17280			

从表4—3可看出，采用一次加权平均法时，库存商品明细账的登记方法与先进先出法基本相同，只是期末库存商品的结存单价为64元，据此计算出存货成本为11520元，本期销售成本为17280元。

采用移动加权平均法，当每次购进单价与结存单价不同时，就需要重新计算一次加权平均价，并据此计算下次购货前的存货成本和销售成本。采用这种方法，可以随时结转销售成本。其平均单价的计算公式为：

移动加权平均单价＝（前结存金额＋本次购入金额）／（前结存数量＋

本次购入数量）

仍以前例，第一批购入后的平均单价为：

移动加权平均单价＝（4800＋6200）／（80＋100）＝61.11（元）

第二批购入后的平均单价为：

移动加权平均单价＝（2444＋13600）／（40＋200）＝66.85（元）

按移动加权平均法计算本期各批商品的销售成本和结存成本，以及库存商品明细账的登记结果，见表 4-4。

表 4-4　　　　　　　　　　　　A 商品明细账

2007 年		摘要	收　入			发　出			结　存		
月	日		数量（件）	单价（元）	金额（元）	数量（件）	单价（元）	金额（元）	数量（件）	单价（元）	金额（元）
6	1	期初结存							150	60	9000
	8	销售				70	60	4200	80	60	4800
	15	购进	100	62	6200				180	61.11	11000
	20	销售				50	61.11	3056	130	61.11	7944
	24	销售				90	61.11	5500	40	61.11	2444
	28	购进	200	68	13600				240	66.85	16044
	30	销售				60	66.85	4011	180	66.85	12033
		本期销售成本				270		16767			

采用移动加权平均法，可以随时结转销售成本，随时提供存货明细账上的结存数量和金额，有利于对存货进行数量、金额的日常控制。但这种方法，由于每次进货后都要计算一次平均价，势必会增加会计核算工作量。

（三）个别计价法

个别计价法，又称个别认定法、具体辨认法、分批实际法。采用这一方法是假设存货的成本流转与实物流转相一致，按照各种存货，逐一辨认各批发出存货和期末存货所属的购进批别或生产批别，分别按其购入或生产时所确定的单位成本作为计算各批发出存货和期末存货成本的方法。采用这一方法，计算发出存货的成本和期末存货的成本比较合理、准确，但这方法的前提是需要对发出和结存存货的批次进行具体认定，以辨别其所属的收入批次，所以实务操作的工作量繁重，困难较大。

个别计价法适用于容易识别、存货品种数量不多、单位成本较高的存货，如房产、船舶、飞机、重型设备以及珠宝、名画等贵重物品。

第四节 产品生产业务的核算

企业在生产过程中会发生各种各样的耗费,如耗费材料、人工等。当这些生产耗费具体到一定的产品和数量上时,便形成产品的制造成本。在计算产品制造成本时,应严格区分生产成本和期间费用。生产成本是应当计入所生产的产品价值的耗费,而期间费用是应当直接计入当期损益的耗费。产品生产成本包括直接材料、直接人工和制造费用。直接材料、直接人工是按成本核算对象和成本项目分别归集的直接费用,制造费用是为生产发生的间接费用。生产过程业务核算的主要内容有两项:一是生产耗费的发生、归集与分配;二是产品生产成本的计算。

一、账户设置

企业的产品成本计算是通过建立生产费用核算的账户体系来进行的。通过生产费用核算账户,可以反映和监督生产费用的发生、归集和分配情况,并在此基础上进行产品成本的计算。工业企业进行生产费用的核算,一般应设立"生产成本"和"制造费用"两个账户。下面分别说明这两个账户的核算内容及账户结构。

(一)"生产成本"账户

"生产成本"账户是用来核算企业进行工业性生产,包括生产各种产品(包括产成品、自制半成品等)、自制材料、自制工具和自制设备等发生的各种生产费用。该账户的借方登记产品生产过程中所发生的各项生产费用,包括直接材料费用、直接人工费用和制造费用;贷方登记完工产品的实际制造成本。期末借方余额,表示期末尚未完工的在产品的实际成本。

为了具体反映每一种产品的生产费用发生情况,核算各种产品的生产数量和实际制造成本,应按照产品的品种或类别分别设置"生产成本"明细账户,进行明细分类核算。

生产成本

为生产产品所发生的各项生产费用	结转的完工入库产品的生产成本
期末余额：在产品的生产成本	

（二）"制造费用"账户

"制造费用"账户是用来核算为生产产品而发生的各项间接费用的成本类账户。企业为生产产品而发生的各项间接费用，是指生产车间为管理和组织本车间生产所发生的、不能直接计入产品成本的各项费用，包括车间管理人员的工资和福利费、折旧费和修理费、车间办公费、水电费、机物料消耗、劳务保护费、季节性和修理期间的停工损失等。企业行政管理部门为组织和管理生产而发生的管理费用，应当作为期间费用，记入"管理费用"账户。

"制造费用"账户的借方登记各项制造费用的发生额；贷方登记计入产品成本的分配额，即分配转入"生产成本"账户借方、应由各种产品负担的制造费用。该账户期末一般应无余额，且一般应按不同的车间、部门设置明细账，并按费用项目设置专栏，进行明细核算。

制造费用

按车间归集所发生的各项制造费用	期末分配结转入"生产成本"账户的制造费用

产品生产过程中发生的直接材料费用和直接人工费用，直接记入"生产成本"账户的借方；发生的各项间接费用，先在"制造费用"账户的借方进行归集，月末再分配记入"生产成本"账户的借方。这样，在"生产成本"账户的借方就归集了产品生产所发生的各项费用。

在生产业务的核算中，除了要设置和运用"生产成本"和"制造费用"两个账户外，还会用到"原材料"、"应付职工薪酬"、"累计折旧"等账户，这些账户核算的内容和账户结构，我们将结合生产费用的归集与分配业务，在后面的章节中予以说明。

生产业务的核算，可用图4-2表示。

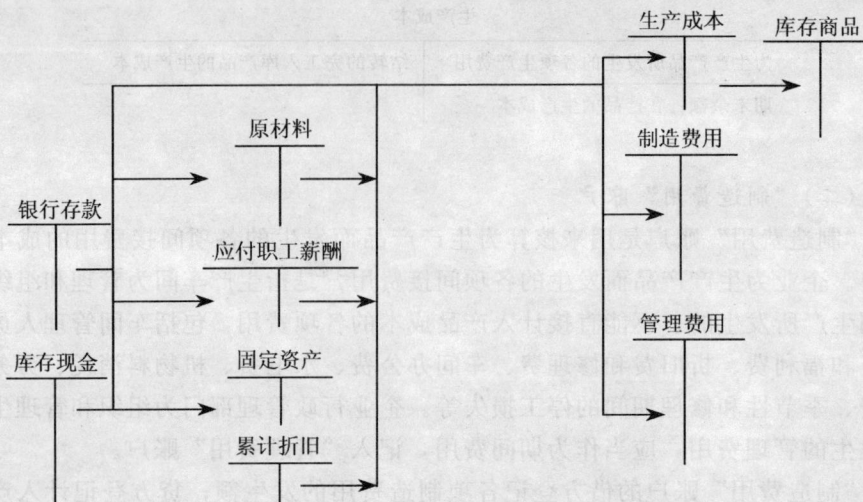

图 4—2 生产业务的核算

二、账务处理

（一）材料费用的归集与分配

企业在生产过程中耗用的各种材料，应根据领料凭证按用途进行归集和分配。直接用于产品生产、构成产品实体的材料费用，属于直接费用，应记入"生产成本"账户的借方；生产车间耗用的一般消耗，属于间接费用，应记入"制造费用"账户的借方。

[例 4—11] 3 月 10 日，万通公司仓库发出下列材料用于生产 A、B 两种产品和车间耗用，见表 4—5。

表 4—5   材料费用分配表

	甲材料		乙材料		丙材料		金额合计（元）
	数量（千克）	金额（元）	数量（千克）	金额（元）	数量（千克）	金额（元）	
制造产品耗用	9000	270000	8000	160000	12000	300000	730000
A 产品	6000	180000	4000	80000	8000	200000	460000
B 产品	3000	90000	4000	80000	4000	100000	270000
企业生产车间耗用			1000	20000			20000
合　计	9000	270000	9000	180000	12000	300000	750000

　　这项经济业务的发生，一方面使企业的库存材料减少了750000元，另一方面材料投入生产，使生产成本增加了730000元，材料用于生产车间的一般消耗，使制造费用增加了20000元。这项经济业务涉及"生产成本"、"制造费用"和"原材料"等账户。库存材料减少应记入"原材料"账户的贷方；材料费用增加，应按材料用途归集：用于制造产品的材料，借记"生产成本"科目，生产车间一般耗用的材料，借记"制造费用"科目。这项经济业务编制的会计分录如下：

```
借：生产成本——A产品          460000
          ——B产品          270000
    制造费用                20000
    贷：原材料                      750000
```

　　（二）工资费用的归集与分配

　　工资费用包括工资和按工资总额的一定比例提取的职工福利费。产品生产过程中发生的工资费用是产品成本的重要组成部分。企业在工资费用核算中还要设置和运用"应付职工薪酬"账户。

　　"应付职工薪酬"账户，属于负债类账户，用来核算企业根据有关规定应付给职工的各种薪酬。它包括工资、职工福利、社会保险费、住房公积金、工会经费、职工教育经费、非货币性福利、辞退福利、股份支付等。贷方登记计算提取数，借方登记发放的金额；余额一般在贷方，表示尚未支付的职工薪酬。

　　企业生产过程中实际发生的工资费用，应按职工的类别及工资费用的用途进行归集与分配。直接从事产品生产的生产工人的工资及福利费，属于直接工资费用，应记入"生产成本"账户的借方；车间管理人员的工资及福利费，属于间接工资费用，应记入"制造费用"账户的借方。

　　下面举例说明工资费用归集与分配的账务处理。

　　[例4—12] 3月11日，万通公司开出现金支票从银行提取现金40000元，以备发放工资。

　　这项经济业务的发生，一方面使企业的库存现金增加40000元，另一方面使企业的银行存款减少40000元，涉及"库存现金"和"银行存款"账户。库存现金的增加应记入"库存现金"账户的借方；银行存款的减少，应记入"银行存款"账户的贷方。其会计分录如下：

```
借：库存现金                40000
    贷：银行存款                    40000
```

[例4－13] 3月11日，万通公司以库存现金40000元支付企业职工的工资。

这项经济业务的发生，一方面使企业的库存现金减少40000元，另一方面使企业支付给职工的工资减少40000元，涉及"库存现金"和"应付职工薪酬"账户。实际支付工资的增加，应借记"应付职工薪酬"账户；库存现金的减少，应贷记"库存现金"账户。这项经济业务的会计分录如下：

借：应付职工薪酬——工资 40000

    贷：库存现金 40000

[例4－14] 3月31日，万通公司结算本月应付职工工资，其中：制造A产品的职工工资18000元，制造B产品的职工工资12000元，车间管理人员的工资5000元，厂部管理人员的工资5000元。

这项经济业务的发生，一方面使企业应付给职工的工资增加40000元，另一方面使工资费用增加了40000元。这项经济业务涉及"管理费用"、"制造费用"、"生产成本"和"应付职工薪酬"四个账户。应付给职工的工资增加，贷记"应付职工薪酬"科目；工资费用的增加是费用的增加，应按其用途进行归集：产品生产工人的工资，是构成产品成本的直接工资，应记入"生产成本"账户的借方；为车间管理人员支付的工资，是产品生产中的间接费用，应记入"制造费用"账户的借方；厂部管理人员的工资属于期间费用，应记入"管理费用"账户的借方。这项经济业务的会计分录如下：

借：生产成本——A产品 18000

          ——B产品 12000

    制造费用 5000

    管理费用 5000

    贷：应付职工薪酬——工资 40000

[例4－15] 万通公司按本月工资总额的14％提取职工福利费5600元，其中：产品生产工人的福利费4200元（A产品生产工人的福利费2520元，B产品生产工人的福利费1680元）；车间管理人员的福利费700元；厂部管理人员的福利费700元。

这项经济业务表明生产过程中发生了人工费用。因此，这项经济业务的发生，引起费用和负债两个要素同时增加，一方面使企业应付的福利费增加了5600元，另一方面使工资费用中的福利费增加了5600元。这项经济业务涉及"应付职工薪酬"、"生产成本"、"制造费用"和"管理费用"四个账户。应付福利费的增加是负债的增加，应随同工资一起按用途进行归集；产品生产工人的福利费，是构成产品成本的直接工资，应记入"生产成本"账户的借方，车间管理人员的福利费是产品生产中的间接费用，应记入"制造费用"账户的借方，厂部管理人员的福利费属于期间费用，应记入"管理费用"账户的借方。这项经济业务应编制的会计分录为：

借：生产成本——A 产品　　　　　　　　　2520

　　　　　　——B 产品　　　　　　　　　1680

　　制造费用　　　　　　　　　　　　　　700

　　管理费用　　　　　　　　　　　　　　700

　　贷：应付职工薪酬——职工福利　　　　　5600

（三）制造费用的归集与分配

制造费用是指企业为生产产品或提供劳务而发生的各项间接费用。它也是产品制造成本的一个组成部分。制造费用应通过"制造费用"账户进行归集与分配，在核算时还将用到"原材料"、"应付职工薪酬"、"累计折旧"等账户。"原材料"、"应付职工薪酬"等账户已在前面作了介绍，下面再对"累计折旧"账户的核算内容及账户结构予以说明。

"累计折旧"账户是用来核算企业固定资产的已提累计折旧的账户。固定资产折旧，是指固定资产在使用期内由于磨损或损耗而减少的价值。固定资产由于损耗而减少的这部分价值应该及时得到补偿，以保证企业扩大再生产的顺利进行。为此，企业应按收入与费用配比的原则，将这部分价值以折旧费用的形式按期计入产品成本或费用，构成产品成本或费用的一个组成部分。

企业发生各项制造费用时，应根据有关的费用发生凭证，将各项制造费用归集在"制造费用"账户的借方；月份终了，再将本月发生的制造费用转入"生产成本"账户的借方，并按一定的分配标准，分配计入到各种产品的成本中去。

制造费用中的材料费用和工资费用，已在前面有关内容中述及。下面再举例说明制造费用中的其他内容的账务处理方法。

［例4—16］3 月 31 日，万通公司计提本月份折旧费用 10000 元，其中：生产车间厂房及机器设备的折旧费 8400 元，行政管理部门折旧费 1600 元。

这项经济业务表明在生产过程中固定资产的价值发生损耗，损耗的价值转化为费用。因此，这项经济业务的发生，引起资产和费用两个要素发生变化：一方面使固定资产价值减少（表现为累计折旧增加）了 10000 元；另一方面使制造费用增加了 8400 元，管理费用增加了 1600 元。这项经济业务涉及"制造费用"、"管理费用"和"累计折旧"三个账户。固定资产价值的减少是资产的减少，应记入"累计折旧"账户的贷方；折旧费的增加是费用的增加，应分别记入

"制造费用"和"管理费用"账户的借方。这项经济业务编制的会计分录如下：

> 借：制造费用　　　　　　　　　　　　8400
> 　　管理费用　　　　　　　　　　　　1600
> 　　贷：累计折旧　　　　　　　　　　　　　　10000

［例4-17］3月31日，万通公司以银行存款支付生产车间固定资产修理费800元。

这项经济业务表明企业发生固定资产修理费，同时该项费用已经支付。因此，这项经济业务的发生，引起费用和资产两个要素同时增加，一方面使制造费用中的修理费增加了800元，另一方面使银行存款减少了800元。这项经济业务同时涉及"制造费用"和"银行存款"两个账户。这项经济业务编制的会计分录如下：

> 借：制造费用　　　　　　　　　　　　800
> 　　贷：银行存款　　　　　　　　　　　　　　800

［例4-18］3月10日，万通公司用银行存款支付生产车间办公费800元，水电费2000元。

这项经济业务表明生产车间为管理和组织生产发生了其他各项间接费用。因此，这项经济业务的发生，引起费用和资产两个要素发生变化：一方面使制造费用增加了2800元，另一方面使企业的银行存款减少了2800元。这项经济业务涉及"制造费用"和"银行存款"两个账户。生产车间办公费和水电费的增加是费用的增加，应记入"制造费用"账户的借方；银行存款的减少是资产的减少，应记入"银行存款"账户的贷方。这项经济业务编制的会计分录如下：

> 借：制造费用　　　　　　　　　　　　2800
> 　　贷：银行存款　　　　　　　　　　　　　　2800

［例4-19］月份终了，万通公司将本月发生的制造费用38000元，按A、B两种产品生产工时的比例分配计入各种产品的生产成本。A产品应负担制造费用为22800元，B产品应负担制造费用为15200元。

这项经济业务的核算步骤是：首先将制造费用总额38000元在A、B两种产品之间分配，然后，计算确定A、B两种产品各自应负担的制造费用后，应将制造费用全部转入产品生产成本。

制造A、B产品发生的制造费用应计入产品生产成本。这项经济业务涉及"生产成本"和"制造费用"两个账户。生产成本的增加是费用的增加，应记入"生产成本"账户的借方；制造费用的减少是费用的减少，应记入"制造费用"账户的贷方。这项经济业务应编制的会计分录为：

借：生产成本——A产品 22800

——B产品 15200

　　贷：制造费用 38000

（四）完工产品结转

为了核算和监督库存产成品收发和结存情况，企业应设置"库存商品"账户。该账户属于资产类账户，其借方登记验收入库完工产品的实际成本；贷方登记销售发出产成品的实际成本。对于企业验收入库的产成品，企业会计部门应于月末根据"产品成本计算表"，按其所列的产成品实际成本，借记"库存商品"账户，贷记"生产成本"账户。

［例4－20］3月31日，万通公司本月生产的1000件A产品全部完工并验收入库，该批产品的实际成本为498000元。B产品尚未完工。

这项经济业务表明产品生产完工，生产资金转化为成品资金。因此，这项经济业务的发生引起资产和费用两个要素一增一减的变化：一方面使企业的产成品增加了498000元，另一方面使生产成本减少了498000元。这项经济业务涉及"库存商品"和"生产成本"两个账户。产成品增加是资产的增加，应记入"库存商品"账户的借方；生产成本的减少是费用的减少，应记入"生产成本"账户的贷方。这项经济业务应编制的会计分录如下：

借：库存商品——A产品 498000

　　贷：生产成本——A产品 498000

第五节　产品销售业务的核算

制造业企业从产成品验收入库开始，到销售给购买方为止的过程称为销售过程。这一过程是产品价值和使用价值的实现过程，即通过交换，将制造的产品及时地销售出去，按产品的销售价格向购买方办理结算，收回销货款。在产品销售过程中，企业为取得一定数量的销售收入，必须付出相应数量的产品，为制造这些产品耗费的材料、人工等称为产品销售成本。此外，企业为了推销产品还要发生包装费、运输费、广告费等。这些耗费与销售产品有关，应抵减当期的销售收入。企业在取得销售收入时，应按国家税法规定的税率和实现的销售收入计算产品销售税金。综上所述，制造业企业销售过程的主要经济业务是：确认和登记实现的销售收入；计算和结转销售成本；支付销售费用；计算营业税金及附加；确定营业利润或亏损等。

一、账户设置

为了能全面核算销售业务的各项内容，企业应设置和运用"主营业务收入"、"主营业务成本"、"营业费用"和"营业税金及附加"等账户。

"主营业务收入"账户用来核算和监督企业销售产品取得收入的情况，企业销售产品实现了收入，记入该账户的贷方；期末将本期实现的收入从借方转入"本年利润"账户，结转后该科目一般没有余额。

主营业务收入

期末转入"本年利润"账户的主营业务收入	已经实现的主营业务收入

"主营业务成本"账户用来核算销售产成品的实际成本。企业结转销售成本时，记入该账户的借方；期末将本期的销售成本从贷方转入"本年利润"账户，结转后该科目一般没有余额。

主营业务成本

发生的主营业务成本	期末转入"本年利润"账户的主营业务成本

"销售费用"账户用来核算产品销售过程中发生的各项销售费用。销售费用包括运输费、装卸费、包装费、保险费、展览费和广告费，以及为销售本企业商品而专设的销售机构的职工工资及福利费、业务费等费用。发生各项销售费用时，记入该账户的借方；期末将本期的销售费用从贷方转入"本年利润"账户，结转后该科目一般没有余额。

销售费用

发生的各项销售费用	期末转入"本年利润"账户的销售费用

　　"营业税金及附加"账户用来核算应由销售产品负担的销售税金。月末，企业按照规定计算出应负担的销售税金，记入该账户的借方；期末将本期产品负担的税金转入"本年利润"账户，结转后该科目一般没有余额。

营业税金及附加

发生的各项营业税金及附加	期末转入"本年利润"账户的营业税金及附加

　　"管理费用"账户是用来核算为组织和管理生产经营活动而发生的管理费用的账户。该账户属于损益类账户中支出性质的账户，其借方登记发生的各项管理费用；贷方登记期末转入"本年利润"账户的本期管理费用数额；期末结转后本账户应无余额。

　　"财务费用"账户是用来核算企业为筹集生产经营所需资金等而发生的费用的账户。该账户属于损益类账户中支出性质的账户，其借方登记企业发生的各项财务费用；贷方登记期末转入"本年利润"账户的本期财务费用数额；期末结转后本账户应无余额。

　　此外，对于收取的货款进行核算时，还将运用"应收账款"、"预收账款"和"应交税费"等账户。

　　"应收账款"账户用来核算企业因销售产品、提供劳务等业务，应向购货方或接受劳务单位收取的款项。发生应收购买单位款项，借记"应收账款"科目；收回应收的购买单位款项，贷记"应收账款"科目；其借方余额表示尚未收回的购买单位货款。

应收账款

发生的各项应收账款	收回的各项应收账款
期末余额：尚未收回的应收账款	期末余额：预收的账款

"预收账款"账户用来核算企业按照合同规定向购货单位预收的货款。企业向购货单位预收货款时，记入该账户的贷方；产品销售实现时，按售价借记"预收账款"科目。

"应交税费"账户用来核算企业各种税费的结算和缴纳情况。每期终了，按规定计算出当期应缴纳的各种税费，记入"应交税费"科目的贷方；企业交纳税费，应借记"应交税费"科目；其贷方余额表示应交未交的税费。

销售业务的核算，可用图 4-3 表示。

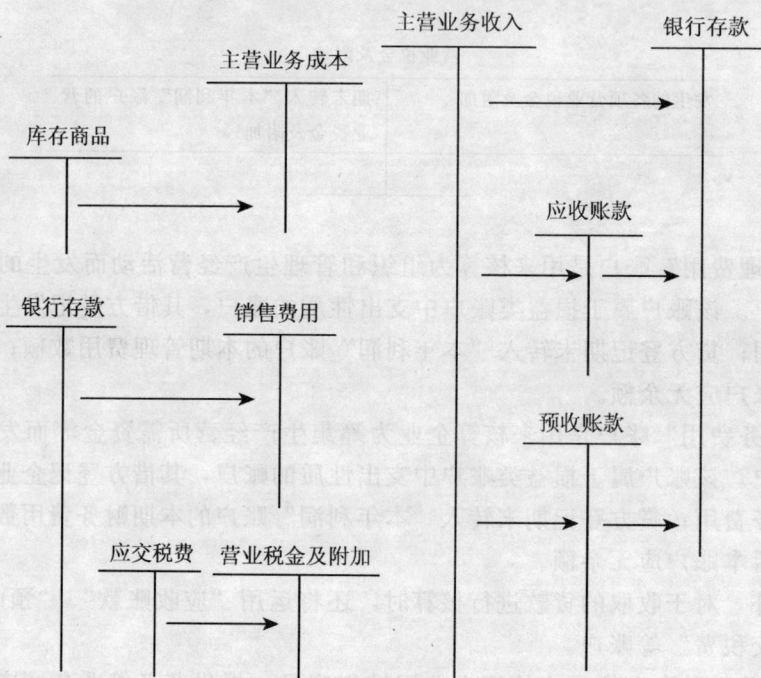

图 4-3 销售业务的核算

二、账务处理

（一）确认和登记销售收入

企业销售产品的结果会使企业的资产增加或负债减少，因此，确认销售收入的原则为：如果企业在正常经营活动中形成的经济利益总流入会导致资产的增加或负债的减少，未来经济利益能够流入企业，并能够可靠地加以计量，就应该确认为收入的实现。实际上收入的确认和计量要解决收入的入账时间和入账金额的问题。收入的入账时间是当产品已经发出，产品的所有权已经转移给买方后，收到货款或取得收取货款的证据。收入的入账金额一般是按销售产品的售价确认。企业销售产品未收到货款，但在将来规定的时间内会通过结算，作为未来的经济利益流入企业。期末全部应收未收款作为资产负债表中的一项流动资产确认。

[例4—21] 3月20日，万通公司按合同向红光工厂发出A产品100件，单位售价800元，共计80000元。收回30000元货款存入银行，其余货款未收回。

这项经济业务表明企业营业收入已经实现。因此，这项经济业务的发生，一方面使收入增加了80000元，另一方面使银行存款和应收账款增加了80000元。这项经济业务同时涉及"主营业务收入"、"银行存款"和"应收账款"三个账户。银行存款增加30000元，借记"银行存款"科目，应收账款增加50000元，借记"应收账款"科目；销售收入增加80000元，贷记"主营业务收入"科目。这项经济业务应编制的会计分录如下：

借：银行存款　　　　　　　　　　　　　30000
　　应收账款——红光工厂　　　　　　　50000
　　贷：主营业务收入　　　　　　　　　　　　80000

[例4—22] 3月16日，万通公司按合同规定预收实德集团货款70000元存入银行。

这项经济业务的发生，一方面使银行存款增加70000元，另一方面在预收货款时，销售并未实现，不能作为主营业务收入的增加，只能表示预收账款增加90000元。这项经济业务同时涉及"银行存款"和"预收账款"两个账户。银行存款增加借记"银行存款"科目；预收货款增加贷记"预收账款"科目。这项经济业务应编制的会计分录如下：

借：银行存款　　　　　　　　　　　　　70000
　　贷：预收账款　　　　　　　　　　　　　　70000

[例4—23] 3月26日，万通公司按合同规定向实德集团销售A产品800件，单位售价800元，共计640000元。其中70000元为预收货款，其余570000元货款收到存入银行。

这项经济业务的发生，一方面转移产品所有权，实现了销售，使主营业务收入增加640000元，另一方面使银行存款增加570000元，预收账款减少70000元。这项经济业务涉及"主营业务收入"、"银行存款"和"预收账款"

三个账户。银行存款增加借记"银行存款"科目，预收货款减少借记"预收账款"科目；销售收入增加贷记"主营业务收入"科目。这项经济业务应编制的会计分录如下：

借：银行存款　　　　　　　　　570000

　　预收账款　　　　　　　　　70000

　　贷：主营业务收入　　　　　640000

（二）计算和结转销售成本

根据收入与成本配比原则，企业在确认并登记销售收入后，应将已销售产品的实际生产成本，从"库存商品"账户结转到"主营业务成本"账户，以便与销售收入相配比。

[例4－24] 3月31日，结转上述已售A产品900件的成本448200元。

这项经济业务表明产品销售后，库存商品转化为销售成本，成为为取得销售收入而付出的代价。因此，这项经济业务的发生，引起资产和费用两个要素的变化：一方面使库存商品成本减少了448200元，另一方面使销售成本增加了448200元。这项经济业务涉及"库存商品"和"主营业务成本"两个账户。销售成本的增加，应记入"主营业务成本"账户的借方。这项经济业务应编制的会计分录为：

借：主营业务成本　　　　　　　448200

　　贷：库存商品——A产品　　　448200

（三）确认并登记销售费用

企业在产品销售过程中所发生的各项费用，应在费用发生时登记入账。

[例4－25] 3月28日，万通公司以银行存款5400元支付销售A产品的销售费用。

这项经济业务的发生，一方面使银行存款减少5400元，另一方面使销售费用增加5400元。这项经济业务涉及"销售费用"和"银行存款"两个账户。销售费用增加借记"销售费用"科目；银行存款减少贷记"银行存款"科目。这项经济业务应编制的会计分录如下：

借：销售费用　　　　　　　　　5400

　　贷：银行存款　　　　　　　5400

（四）计算并登记营业税金及附加

企业营业收入实现后，还应按税法规定，计算应由营业收入负担的税金及附加，并登记入账，以反映营业税金及附加的发生情况。

[例4－26] 月末，企业按税法规定计算出本月应缴的城市维护建设税

1190 元。

这项经济业务的发生，引起费用和负债两个要素同时增加：一方面使营业税金及附加增加了 1190 元，另一方面使企业应交税费增加了 1190 元。这项经济业务涉及"营业税金及附加"和"应交税费"两个账户。营业税金及附加的增加是费用的增加，应记入"营业税金及附加"账户的借方；应交税费的增加是负债的增加，应记入"应交税费"账户的贷方。这项经济业务应编制的会计分录为：

借：营业税金及附加　　　　　　　　　　1190
　　贷：应交税费——应交城市维护建设税　　1190

（五）发生期间费用

1. 发生管理费用

管理费用是企业为管理和组织生产经营活动所发生的各项费用，包括行政管理部门职工工资、修理费、物料消耗、低值易耗品摊销、办公费和差旅费等。管理费用属于期间费用，应在发生的当期从当期损益中扣除。企业发生各项管理费用时，应按实际发生额登记入账。

［例 4—27］3 月 27 日，万通公司用银行存款支付行政管理部门的业务招待费 8200 元。

这项经济业务表明企业开支了业务招待费。因此，这项业务引起费用和资产两个要素一增一减：一方面使管理费用增加了 8200 元，另一方面使银行存款减少 8200 元。这项经济业务涉及"管理费用"和"银行存款"两个账户。管理费用的增加是费用的增加，应记入"管理费用"账户的借方；银行存款的减少是资产的减少，应记入"银行存款"账户的贷方。这项经济业务应编制的会计分录为：

借：管理费用　　　　　　　　　　　　8200
　　贷：银行存款　　　　　　　　　　　8200

2. 发生财务费用

财务费用是企业为筹集生产经营所需资金而发生的费用，包括利息支出、汇兑损失以及相关的手续费等。财务费用属于期间费用，应在发生的当期从当期损益中扣除。企业发生各项财务费用时，应按实际发生额登记入账。

［例 4—28］万通公司于 3 月 31 日用银行存款支付该月的短期借款利息 1000 元。

这项经济业务的发生，一方面使企业本月的财务费用增加了 1000 元，另一方面使企业的银行存款减少了 1000 元。这项经济业务影响到费用和资产这两个会计要素，涉及"财务费用"和"银行存款"两个账户。财务费用的增加是费用的增加，应记入"财务费用"账户的借方；银行存款的减少是资产的减少，应记入"银行存款"账户的贷方。这项经济业务应编制的会计分录为：

借：财务费用　　　　　　　　　　　　　　1000
　　贷：银行存款　　　　　　　　　　　　　1000

第六节　财务成果的核算

企业一定会计期间的各项收入与各种费用相抵后形成本期的最终财务成果。财务成果的表现形式有利润和亏损两种。财务成果是企业经济活动效率与效益的综合表现，是衡量企业经营成果和经济效益的综合尺度。企业在一定会计期间实现的税前利润总额，要按照国家规定进行分配。因此，确定企业的净利润和对净利润进行分配，就是财务成果核算的主要内容。

一、财务成果的计算

为了正确计算一个企业在某一会计期间的净利润（或亏损），应根据配比原则，将企业在该会计期间内所获得的收入与所花费的费用加以配合抵消。企业一定时期实现的净利润（或亏损）按下列程序和方法计算。

（一）计算营业利润

营业利润是指企业一定时期从事各种经营业务所实现的毛利润扣除期间费用后的金额。其计算公式为：

营业利润＝营业收入－营业成本－营业税金及附加－销售费用－管理费用－财务费用－资产减值损失＋公允价值变动收益（－公允价值变动损失）＋投资收益（－投资损失）

其中，营业收入是指企业经营业务所发生的实际成本的总额，包括主营业务收入和其他业务收入；营业成本是指企业经营业务所发生的实际成本的总额，包括主营业务收入和其他业务成本；资产减值损失是指企业计提各项资产减值准备所形成的损失；公允价值变动收益（损失）是指企业交易性金融资产等公允价值变动形成的应计入当期损益的利得（或损失）；投资收益（或损失）是指企业以各种方式对外投资所取得的收益（或发生的损失）。

（二）计算利润总额

利润总额是指企业在一定时期进行生产经营活动所实现的缴纳所得税前的

利润，也称税前会计利润，其计算公式为：

利润总额＝营业利润＋营业外收入－营业外支出

其中：营业外收入是指企业发生的与其日常活动无直接关系的各项利得，营业外支出是指企业发生的与其日常活动无直接关系的各项损失。

（三）计算净利润

净利润是指企业本期利润总额扣除应负担的所得税费用后的利润总额，也称作税后会计利润。其计算公式为：

净利润＝利润总额－所得税费用

二、利润实现的核算

（一）账户设置

为了反映和监督财务成果的形成情况，以及财务成果各个组成内容的发生情况，应设置和运用下列账户。

1.“本年利润”账户

“本年利润”账户是用来核算企业在本年度实现的净利润（或亏损）的账户。该账户属于所有者权益类账户，其贷方登记由有关支出账户转入的企业取得的各项收入数额，借方登记由有关支出账户转入的企业发生的各项支出的数额。收入和支出相抵后，本账户若有贷方余额，表示本期实现的净利润额；若有借方余额，表示本期发生的净亏损额。年度终了，企业应将本年收入和支出相抵后结出的本年实现的净利润额或净亏损额，全部转入“利润分配”账户，结账后本账户应无余额。

本年利润

期末转入的各项费用和损失	期末转入的各项收入和收益

2.“营业外收入”账户

“营业外收入”账户是用来核算企业发生的与企业生产经营没有直接关系的各项收入的账户。该账户属于损益类账户中收入性质的账户，其贷方登记企业取得的各项营业外收入；借方登记期末转入“本年利润”账户的本期营业外收入数额；期末结转后本账户应无余额。

3.“营业外支出”账户

“营业外支出”账户是用来核算企业发生的与企业生产经营活动没有直接

关系的各项支出的账户。该账户属于损益类账户中支出性质的账户，其借方登记企业发生的各项营业外支出；贷方登记期末转入"本年利润"账户的本期营业外支出数额；期末结转后本账户应无余额。

4. "所得税费用"账户

"所得税费用"账户是用来核算企业确认的应从当期损益中扣除的所得税费用。该账户属于损益类账户中支出性质的账户，其借方登记企业本期发生的所得税；贷方登记期末转入"本年利润"账户的本期所得税数额；期末结转后本账户应无余额。

利润实现的核算，可用图4-4表示。

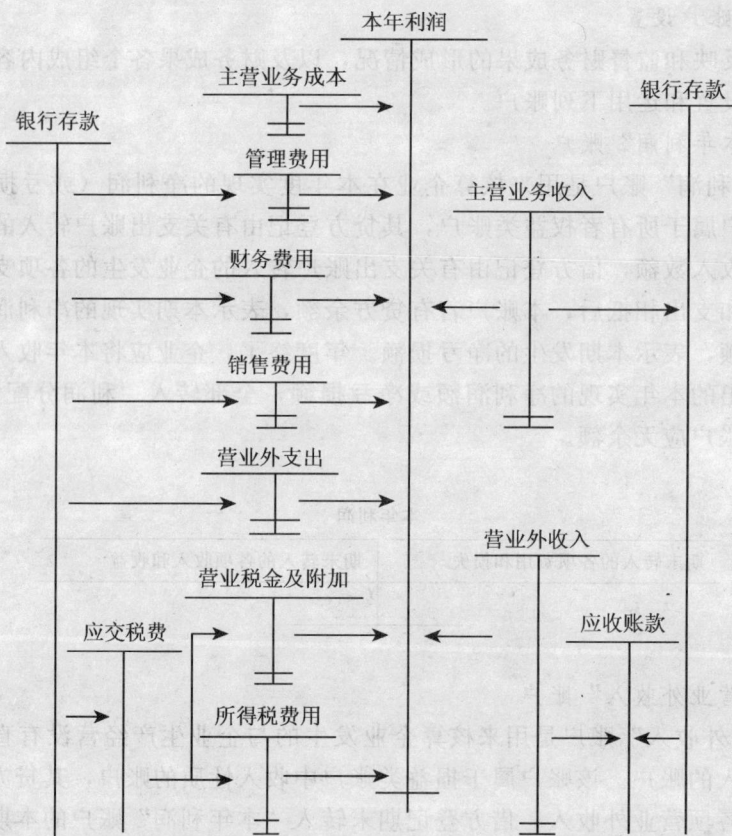

图4-4 利润实现的核算

（二）账务处理

1．取得营业外收入

营业外收入是指企业发生的与其日常活动无直接关系的各项利得，包括非流动资产处置利得、盘盈利得、罚没利得和捐赠利得等。营业外收入是利润总额的增加项目，企业发生营业外收入时，应按实际发生额登记入账。

［例4－29］3月28日，万通公司对违纪职工决定罚款1390元，款项于当日送存银行。

这项经济业务表明企业发生了一项营业外收入。因此，这项经济业务引起资产和收入两个要素发生变化：一方面使企业的资产增加了1390元，另一方面使企业的营业外收入增加了1390元。这项业务涉及"银行存款"和"营业外收入"两个账户。银行存款的增加是资产的增加，应记入"银行存款"账户的借方；营业外收入的增加是收入的增加，应记入"营业外收入"账户的贷方。这项经济业务应编制的会计分录为：

　　借：银行存款　　　　　　　　　　　　1390
　　　　贷：营业外收入　　　　　　　　　　　1390

2．发生营业外支出

营业外支出是指与企业发生的与其日常活动无直接关系的各项损失，包括非流动资产处置损失、盘亏损失、罚款支出、公益性捐赠支出和非常损失等。营业外支出是利润总额的抵减项目，企业发生营业外支出时，应按实际发生额登记入账。

［例4－30］3月30日，经研究决定对贫困地区某小学捐赠文教费1000元。款项已从银行转账付讫。

这项经济业务表明企业发生了一项营业外支出。因此，这项业务引起费用和资产两个要素发生变化：一方面使营业外支出增加了1000元，另一方面使银行存款减少了1000元。这项经济业务涉及"营业外支出"和"银行存款"两个账户。营业外支出的增加是费用的增加，应记入"营业外支出"账户的借方；银行存款的减少是资产的减少，应记入"银行存款"账户的贷方。这项经济业务应编制的会计分录为：

　　借：营业外支出　　　　　　　　　　　　1000
　　　　贷：银行存款　　　　　　　　　　　　1000

3．计算应交所得税

所得税是按照税法规定从企业的生产经营所得中缴纳的税金，它属于企业的一项费用支出。企业实现的利润总额按照税法规定作相应调整后，依法缴纳所得税。

　　[例4-31]3月31日按规定税率33％计算公司本月应缴纳的所得税为84612元。

　　万通公司3月份实现利润计算如下：

　　营业利润＝720000－448200－1190－5400－8200－1000＝256010（元）

　　利润总额＝256010＋1390－1000＝256400（元）

　　应缴纳所得税额＝256400×33％＝84612（元）

　　这项经济业务表明企业发生了所得税费用，形成了应交税费。因此，这项经济业务引起费用和负债两个要素同时增加：一方面使所得税费用增加了84612元，另一方面使应交税费增加了84612元。这项业务涉及"所得税费用"和"应交税费"两个账户。所得税的增加是费用的增加，应记入"所得税费用"账户的借方；应交税费的增加是负债的增加，应记入"应交税费"账户的贷方。这项经济业务应编制的会计分录为：

　　　　借：所得税费用　　　　　　　　　　　　84612

　　　　　　贷：应交税费——应交所得税　　　　　　84612

　　4. 结转本年利润

　　通过上述日常核算，已将企业本期发生的各项收入和费用全部记入各有关的损益类账户。期末，应将各个损益类账户余额结转到"本年利润"账户。在"本年利润"账户中，全部收入和全部费用相抵可结出本期实现的净利润（减亏损）。

　　[例4-32]3月31日将本月实现的主营业务收入720000元、营业外收入1390元，转入"本年利润"账户。

　　这项业务引起收入和所有者权益两个要素发生变化，涉及"主营业务收入"、"营业外收入"和"本年利润"三个账户，应编制的会计分录为：

　　　　借：主营业务收入　　　　　　　　　　　720000

　　　　　　营业外收入　　　　　　　　　　　　　1390

　　　　　　贷：本年利润　　　　　　　　　　　　721390

　　[例4-33]3月31日将本月发生的主营业务成本448200元，销售费用5400元，管理费用8200元，财务费用1000元，营业外支出1000元，所得税费用84612元，以及营业税金及附加1190元，结转到"本年利润"账户。

　　这项转账业务表明企业将本月发生的各项支出全部转入"本年利润"账户。因此，这项业务引起费用和所有者权益两个要素发生变化，涉及"主营业务成本"、"销售费用"、"管理费用"、"财务费用"、"营业税金及附加"、"营业外支出"、"所得税费用"和"本年利润"等账户，应编制的会计分录为：

借：本年利润 549602
  贷：主营业务成本 448200
    营业税金及附加 1190
    销售费用 5400
    管理费用 8200
    财务费用 1000
    营业外支出 1000
    所得税费用 84612

通过结转，将本月发生的全部收入和全部支出都汇集在"本年利润"账户，即可计算确定企业本月实现的净利润。

净利润＝721390－549602＝171788（元）

三、利润分配的核算

（一）账户设置

企业在一定时期实现的净利润（税后利润），应按照有关协议、规定或决议进行分配。利润分配的去向主要有两个：一是提取盈余公积和公益金，留给企业用于扩大经营规模，或以丰补歉，或用于职工集体福利设施支出等；二是向投资者分配利润，作为所有者投资的报酬。

为了反映和监督企业利润的分配情况，以及盈余公积的提取和应付利润的结算情况，应设置和运用下列账户：

1. "利润分配"账户

"利润分配"账户是用来核算企业的利润分配（或亏损的弥补）和历年分配后利润的结存余额的账户。该账户属于所有者权益类账户，其借方登记已分配的利润数额，贷方登记年终从"本年利润"账户转入的本年净利润（如为亏损，则转入"本年利润"账户的借方）。年终结账后，该账户如为贷方余额，表示累计未分配的利润，如为借方余额，则表示未弥补的亏损。该账户按利润分配的去向和反映历年分配后结存金额的需要，一般应设置"提取盈余公积"、"应付利润"和"未分配利润"等明细账户。

2. "盈余公积"账户

"盈余公积"账户是用来核算企业从税后利润中提取的盈余公积的账户。该账户属于所有者权益类账户，其贷方登记提取的盈余公积，借方登记盈余公积的支用数额；期末贷方余额，表示盈余公积的结余数额。

3. "应付利润"（或"应付股利"）账户

"应付利润"（或"应付股利"）账户是用来核算企业应付给投资者的现金股利或利润。该账户属于负债类账户，其贷方登记计算出的应付给投资者的现金股利或利润；借方登记已实际支付的现金股利或利润；期末贷方余额，表示尚未支付的现金股利或利润。

（二）账务处理

1. 提取盈余公积

为了增加企业自我发展的实力和承担经营风险的能力，企业应按规定从税后利润中提取盈余公积，企业提取的盈余公积属于所有者权益。

[例4—34]万通公司按税后利润的 10％提取盈余公积 17178.80 元（171788×10％）。

这项经济业务表明企业将净利润中的一部分转化为盈余公积。因此，这项业务引起所有者权益要素中两个不同项目一增一减的变化：一方面使利润分配数增加（即利润减少）了 17178.80 元，另一方面使盈余公积增加了 17178.80元。这项经济业务涉及"利润分配"和"盈余公积"两个账户。利润分配的增加是所有者权益的减少，应记入"利润分配"账户的借方；盈余公积的增加是所有者权益的增加，应记入"盈余公积"账户的贷方。这项经济业务应编制的会计分录为：

借：利润分配——提取盈余公积   17178.80
　　贷：盈余公积   17178.80

2. 向投资者分配利润

企业实现的税后利润在提取盈余公积后，应按投资协议、合同或法律法规的规定在投资者之间进行分配。企业根据利润分配方案，计算出应分配给投资者的利润时，一方面应作为利润分配的一项内容登记入账，另一方面，由于应分配给投资者的利润尚未支付，应作为一项负债登记入账。

[例4—35] 万通公司经批准决定向投资者分配利润 30000 元。

这项经济业务表明企业将一部分利润分配给投资者，但尚未支付。因此，这项业务引起所有者权益和负债两个要素发生变化：一方面使利润分配数增加（即利润减少）了 30000 元，另一方面使应付利润增加了 30000 元。这项经济业务涉及"利润分配"和"应付利润"两个账户。利润分配的增加是所有者权益的减少，应记入"利润分配"账户的借方；应付利润的增加是负债的增加，应记入"应付利润"账户的贷方。这项经济业务应编制的会计分录为：

借：利润分配——应付利润   30000

贷：应付利润　　　　　　　　　　　　　　　30000

第七节　账户的分类

仍以工业企业为例，在借贷记账法下，账户按其用途和结构的不同，可以分为盘存账户、结算账户、所有者投资账户、集合分配账户、跨期摊配账户、成本计算账户、收入账户、费用账户、财务成果账户、调整账户和计价对比账户十一类账户。

下面分别说明各类账户的用途和结构特点。

一、盘存账户

盘存账户用来反映和监督各项财产、物资和货币资金的增减变动及其结存情况。属于这类账户的有："库存现金"、"银行存款"、"原材料"、"库存商品"、"固定资产"等。"生产成本"账户的期初、期末余额表示在产品，也具有盘存账户的性质。这类账户的结构是，借方登记各项财产、物资和货币资金的增加数，贷方登记各项财产、物资和货币资金的减少数，期末余额总是在借方，表示期末各项财产、物资和货币资金的实际结存数。盘存账户的结构可用图4-5表示。

借方	盘存账户	贷方
期初余额：期初各项财产、物资 　　　　　或货币资金结存数 发生额：本期各项财产、物资或 　　　　货币资金的减少数	发生额：本期各项财产、物资或 　　　　货币资金的增加	
期末余额：期末各项财产、物资 　　　　　或货币资金结存数		

图 4-5　盘存账户

盘存账户的特点是：

（1）盘存账户反映的财产、物资和货币资金，可以通过财产清查的方法

（实地盘点或对账）确定其实有数，核对其实际结存数与账面结存数是否相符，检查实存的财产、物资和货币资金在管理上和使用上是否存在问题。

（2）除"库存现金"和"银行存款"账户外，其他盘存账户，如"原材料"、"库存商品"、"固定资产"等，通过设置明细账可以提供实物数量和金额两种指标。

二、结算账户

结算账户是用来反映和监督企业同其他单位或个人之间债权（应收款项或预付款项）、债务（应付款项或预收款项）结算情况的账户。由于结算业务的性质不同，决定了不同结算账户具有不同的用途和结构。因此，结算账户按其用途和结构的不同，又可以分为债权结算账户、债务结算账户和债权债务结算账户三类。

（一）债权结算账户

债权结算账户亦称资产结算账户，是用来反映和监督企业同各单位或个人之间的债权结算业务的账户。属于这类账户的有"应收账款"、"预付账款"和"其他应收款"等。这类账户的结构特点是：借方登记债权的增加数，贷方登记债权的减少数，期末余额一般是在借方，表示期末尚未收回债权的实有数。债权结算账户的结构可用图4－6表示。

借方　　　　　　　　债权结算账户　　　　　　　　贷方	
期初余额：期初尚未结算的应收款 　　　　　项或预付款项的实有数 发生额：本期应收款项或预付款项 　　　　的增加数	发生额：本期应收款项或预付款项 　　　　的减少数
期末余额：期末尚未结算的应收款 　　　　　项或预付款项的实有数	

图4－6　债权账户

（二）债务结算账户

债务结算账户亦称负债结算账户，是用来反映和监督企业同其他单位或个人之间的债务结算业务的账户。属于这类账户的有"应付账款"、"预收账款"、"短期借款"、"长期借款"、"应付职工薪酬"、"应交税费"、"应付利润"和

"其他应付款"等。这类账户的结构特点是：贷方登记债务的增加数，借方登记债务的减少数，期末余额一般在贷方，表示期末尚未偿还债务的实有数。债务结算账户的结构可用图 4—7 表示。

借方	债务结算账户	贷方
期初余额：期初结欠的借入款项、应付款项或尚未结算的预收款项的实有数 发生额：本期借入款项、应付款项或预收款项的减少数	发生额：本期借入款项、应付款项或预收款项的增加数	
	期末余额：期末结欠的借入款项、应付款项或尚未结算的预收款项的实有数	

图 4—7 债务结算账户

（三）债权债务结算账户

债权债务结算账户亦称资产负债结算账户或往来结算账户。顾名思义，这类账户既反映债权结算业务，又反映债务结算业务，是双重性质的结算账户。这类账户的使用是基于以下情况：在实际工作中，某些与企业经常发生业务往来的单位，有时是企业的债权人，有时是企业的债务人，如企业向同一单位销售产品，如果是先发货后收款，发生的应收而尚未收到的款项就构成了企业的债权；如果合同规定购买方先预付货款，企业预收的款项就构成了企业的债务。为了集中反映企业与同一单位发生的债权和债务的往来结算情况，有必要设置和运用这类债权债务的结算账户，反映应收和预付或者应付和预收该单位款项的增减变动及其结余情况。这类账户的结构特点是：借方登记债权（应收款项和预付款项）的增加额和债务（应付款项和预收款项）的减少额；贷方登记债务的增加额和债权的减少额；期末账户余额可能在借方，也可能在贷方。如在借方，表示尚未收回的债权净额，即尚未收回的债权大于尚未偿付的债务的差额；如在贷方，表示尚未偿付的债务净额，即尚未偿付的债务大于尚未收回的债权的差额。该账户所属明细账的借方余额之和与贷方余额之和的差额，应当与总账的余额相等。债权债务结算账户的结构可用图 4—8 表示。

借方	债权债务结算账户	贷方
期初余额：期初债权大于债务的差额		期初余额：期初债务大于债权的差额
发生额：①本期债权增加额		发生额：①本期债务增加额
②本期债权减少额		②本期债务减少额
期末余额：期末债权大于债务的差额		期末余额：期末债务大于债权的余额

图 4—8　债权债务结算账户

　　如果企业预收款项的业务不多，可以不单设"预收账款"账户，而用"应收账款"账户同时反映企业应收款项和预收款项的增减变动及其变动结果，此时的"应收账款"账户就是一个债权债务结算账户；如果企业预付款项的业务不多，可以不单设"预付账款"账户，而用"应付账款"账户同时反映企业的应付款项和预付款项，此时的"应付账款"账户就是一个债权债务结算账户。

　　需要指出的是，债权债务结算账户的借方余额或贷方余额只是表示债权和债务增减变动后的差额，并不一定表示企业债权债务的实际余额。这是因为一个企业在某一时点可能同时存在债权和债务。

　　例如，企业本月与甲、乙两单位发生的债权、债务业务登账结果如图4—9所示。

应收账款（总账）

①应从甲单位收取款项 1000	②预收乙单位款项 500
余额：期末应收款大于预收款的差额 500	

应收账款（明细账）——甲		应收账款（明细账）——乙	
①应收账款 1000			②预收账款 500
余额：应收账款 1000			余额：预收账款 500

图 4—9　某企业应收账款总账和明细账

业务说明：

（1）月末，企业应从甲单位收取款项 1000 元，从乙单位预收款项 500 元。

（2）两个明细账余额之和 500（1000－500）元与总账余额相等。

　　因此，在编制资产负债表时，应根据债权债务结算账户所属明细账的余额方向，分析判断余额的性质，而不能直接根据总账余额填列有关项目，以便真实地反映企业债权债务的结算情况。

在借贷记账法下，结算账户中许多是双重性质的账户，除上述的"应收账款"、"应付账款"等账户外，"应交税费"、"应付工资"等也都具有双重性质。例如"应交税费"账户，从账户名称看，应属债务结算账户，实际上税金往往是按计划预交，预交时，作为资产的增加，应记入"应交税费"账户的借方。如果预交数大于应交数，出现借方余额，仍是债权（资产）；如果预交数与应交数相等，账户没有余额；如果预交数小于应交数，出现贷方余额，就转化为债务了。

三、所有者投资账户

所有者投资账户亦称资本账户，是用来反映和监督企业所有者投资的增减变动及其结存情况的账户。属于这类账户的有"实收资本"、"盈余公积"等。盈余公积属于企业的留存收益，其最终所有权属于企业所有者，本质上是企业所有者对企业的投资，因而应将"盈余公积"账户归入所有者投资类账户。这类账户的结构特点是：贷方登记所有者投资的增加额，借方登记所有者投资的减少额，余额总是在贷方，表示期末所有者投资的实有额。该账户的结构可用图4－10表示。

借方	所有者投资账户	贷方
发生额：本期所有者投资的减少额	期初余额：期初所有者投资的实有额 发生额：本期所有者投资的增加额	
	期末余额：期末所有者投资的实有额	

图4－10 所有者投资账户

四、集合分配账户

集合分配账户是用来归集和分配企业生产经营过程中某个阶段所发生的各种费用，反映和监督有关费用计划执行情况以及费用分配情况的账户。属于这类账户的有"制造费用"账户。这类账户的特点是：借方登记各种费用的发生数，贷方登记按照一定标准分配计入各个成本计算对象的费用分配数，除季节性生产的企业外，归集在这类账户借方的费用一般在当期都全部分配出去，所以这类账户期末通常没有余额。可见，集合分配账户具有明显的过渡性质。该类账户的结构可用图4－11表示。

借方	集合分配账户	贷方
发生额：本期各种费用的发生额	发生额：本期各种费用的分配额	

图 4—11　集合分配账户

五、跨期摊配账户

跨期摊配账户是用来反映和监督应由几个会计期间共同负担的费用，并将这些费用在各个会计期间进行分摊的账户。如前所述，企业会计核算的前提之一是会计分期，即把企业持续不断的经营活动过程，划分为较短的会计期间，以便分期结算账目和编制报表。但是，企业在生产经营过程中发生的费用，有些是跨期的，即应由几个会计期间共同负担。为了正确计算各个会计期间的损益，必须按照权责发生制的要求，按照受益的原则严格划分费用的归属期。为此，需要设置跨期摊配账户来实现这一过程。属于这类账户的有"长期待摊费用"账户。借方用来登记费用的实际发生数或支付数；贷方用来登记应由某个会计期间负担的费用摊配数；期末如为借方余额，表示已支付尚未摊配的待摊费用。跨期摊配账户的结构可用图 4—12 表示。

借方	跨期摊配账户	贷方
期初余额：期初已支付而尚未摊配的待摊费用数	发生额：本期费用的摊配数	
发生额：本期费用的支付数		
期末余额：已支付而尚未摊配的待摊费用数		

图 4—12　跨期摊配账户

六、成本计算账户

成本计算账户是用来反映和监督企业生产经营过程中某一阶段所发生的、应计入成本的全部费用，并确定各个成本计算对象的实际成本的账户。属于这类账户的有"生产成本"账户。这类账户结构的特点是：借方登记应计入成本的全部费用，包括直接计入各个成本计算对象的费用和按一定标准分配计入各个成本计算对象的费用；贷方登记转出的已完成某一过程的成本计算对象的实际成本。成本计算账户的结构可用图 4—13 表示。

借方	成本计算账户	贷方
期初余额：期初尚未完成某一过程的 成本计算对象的实际成本 发生额：生产经营过程某一阶段发生 的应计入成本的费用	发生额：结转已完成某一过程的成本 计算对象的实际成本	
期末余额：尚未完成某一过程的成本 计算对象的实际成本		

图 4—13 成本计算账户

七、收入账户

收入账户是用来反映和监督企业在一定会计期间内所取得的各种收入的账户。这里的收入概念是广义的，不仅包括营业收入（产品销售收入和其他业务收入），还包括投资收益和营业外收入。属于这类账户的有"主营业务收入"、"其他业务收入"和"营业外收入"等。这类账户的结构特点是：贷方登记本期收入的增加额；借方登记本期收入的减少额和期末转入"本年利润"账户的收入额。结转后该类账户应无余额。收入账户的结构可用图 4—14 表示。

借方	收入账户	贷方
发生额：①本期收入的减少额 ②期末转入"本年利润" 账户的收入额	发生额：本期收入的增加额	

图 4—14 收入账户

八、费用账户

费用账户是用来反映和监督企业在一定会计期间内所发生的、应计入当期损益的各种费用的账户。这里的费用概念也是广义的，不仅包括为取得产品销售收入而发生的各项耗费，还包括营业外的支出和所得税费用。属于这类账户的有"主营业务成本"、"销售费用"、"营业税金及附加"、"管理费用"、"财务费用"、"营业外支出"和"所得税费用"等。这类账户结构的特点是：借方登记本期费用支出的增加额，贷方登记本期费用支出的减少额和期末转入"本年利润"账户的费用支出数额。结转后该类账户应无余额。费用账户的结构可用图 4—15 表示。

借方	费用账户	贷方
发生额：本期费用支出的增加额	发生额：①本期费用支出的减少额 　　　　②期末转入"本年利润" 　　　　　账户的费用数额	

图 4—15　费用账户

九、财务成果账户

财务成果账户是用来反映和监督企业在一定期间内全部生产经营活动最终成果的账户。属于这类账户的有"本年利润"账户。这类账户的结构特点是：贷方登记期末从各收入账户转入的本期发生的各项收入数；借方登记期末从各费用账户转入的本期发生的、与本期收入相配比的各项费用数。期末如为贷方余额，表示收入大于费用的差额，为企业本期实现的净利润；若出现借方余额，则表示本期费用支出大于收入的差额，为本期发生的亏损总额。年末，本年实现的利润或发生的亏损都要结转记入"利润分配"账户，结转后该类账户应无余额。由此可见，这类账户的一个特点是：在年度中间，账户的余额（无论是实现的利润还是发生的亏损）不转账，要一直保留在该账户，目的是提供截至本期累计实现的利润或发生的亏损，因而年度中间该账户有余额，且可能在贷方，也可能在借方。年终结算，要将本年实现的利润或发生的亏损从"本年利润"账户转入"利润分配"账户。因此，年末转账后，该账户应无余额。财务成果账户的结构可用图 4—16 表示。

借方	财务成果账户	贷方
发生额：应计入本期损益的各项费用		发生额：应计入本期损益的各项收入
期末余额：本期发生的亏损		期末余额：本期实现的净利润

图 4—16　财务成果账户

十、调整账户

调整账户是用来调整被调整账户的余额，以求得被调整账户的实际余额而设置的账户。

在会计核算中，由于管理上的需要或其他方面的原因，对于某些会计要素，要求用两种数字从不同的方面进行反映。在这种情况下，就需要设置两个账户，一个用来反映其原始数字，另一个用来反映对原始数字的调整数字。例如，固定资产由于使用发生损耗，其价值不断减少，但从管理的角度考虑，要求"固定资产"账户能够提供固定资产的原始价值指标。因此，固定资产价值的减少不直接记入"固定资产"账户的贷方，冲减其原始价值，而是另外开设了"累计折旧"账户，将提取的折旧记入"累计折旧"账户的贷方，用以反映固定资产由于损耗而不断减少的价值。将"固定资产"账户的借方余额（现有固定资产的原始价值）减去"累计折旧"账户的贷方余额（现有固定资产的累计折旧额），其差额就是现有固定资产的净值（或称折余价值）。可见，"累计折旧"账户就是为了调整"固定资产"账户借方余额（原始价值），求得其实际价值（净值）而设置的。属于这类账户的还有"利润分配"、"材料成本差异"和"坏账准备"等。

调整账户按其调整方式的不同，可以分为备抵账户、附加账户和备抵附加账户三类。

（一）备抵账户

备抵账户亦称抵减账户，是用来抵减被调整账户余额，以求得被调整账户实际余额的账户。其调整方式，可用下列计算公式表示：

被调整账户余额－调整账户余额＝被调整账户的实际余额

因此，被调整账户的余额与备抵账户的余额一定是相反的方向：如果被调整账户的余额在借方，则备抵账户的余额一定在贷方；反之亦然。

备抵账户，按照被调整账户的性质，又可分为资产备抵账户和权益备抵账户两类。

1. 资产备抵账户

是用来抵减某一资产账户（被调整账户）余额，以求得该资产账户实际余额的账户。例如"累计折旧"账户是"固定资产"这个资产账户的备抵账户，两个账户之间的关系，可用图 4－17 表示。

借方	固定资产	贷方	借方	累计折旧	贷方
期末余额：200000					期末余额：60000

固定资产的原始价值		200000
减：固定资产的累计折旧		60000
固定资产账面净值		140000

图 4－17 资产备抵账户

　　属于资产备抵账户的还有"坏账准备"账户，它是"应收账款"的备抵账户。

　　2. 权益备抵账户

　　是用来抵减某一权益账户（被调整账户）的余额，以求得该权益账户实际余额的账户。例如，"利润分配"账户就是"本年利润"账户的备抵账户。"本年利润"账户的期末贷方余额，反映期末已实现利润数，"利润分配"账户的借方余额，反映本期已分配的利润数。用"本年利润"账户的贷方余额减去"利润分配"账户的借方余额，其差额表示企业期末尚未分配的利润数。"本年利润"账户与"利润分配"账户的关系，可用图4—18表示。

借方	利润分配	贷方		借方	本年利润	贷方
期末余额：已分配的利润 数 42000					期末余额：已实现的利润 数 68000	

已实现的利润数	68000
减：已分配的利润数	42000
未分配的利润数	26000

图4—18　权益备抵账户

（二）附加账户

　　附加账户是用来增加被调整账户的余额，以求得被调整账户的实际余额的账户。其调整方式可用下列计算公式表示：

　　被调整账户余额＋附加账户余额＝被调整账户的实际余额

　　因此，被调整账户的余额与附加账户的余额一定是在同一方向（借方或贷方）。

　　在实际工作中，纯粹的附加账户很少运用。

（三）备抵附加账户

　　备抵附加账户是指既可以用来抵减，又可以用来附加被调整账户的余额，以求得被调整账户实际余额的账户。这类账户属于双重性质账户，兼有备抵账户和附加账户的功能，但不能同时起两种作用。其在某一时期执行的是哪一种功能，取决于该账户的余额与被调整账户的余额是在同一方向还是相反方向。工业企业采用计划成本进行材料的日常核算时，所设置的"材料成本差异"账户就属于备抵附加账户。

综上所述，可以看出调整账户具有以下特点：

（1）调整账户与被调整账户反映的经济内容相同，但用途和结构不同。

（2）被调整账户反映会计要素的原始数字，而调整账户反映的是同一要素的调整数字。因此，调整账户不能脱离被调整账户而独立存在。

（3）调整方式是指原始数字与调整数字是相加还是相减，以求得有特定含义的数字。调整方式是相加还是相减则取决于被调整账户与调整账户的余额是在同一方向还是相反方向。

十一、计价对比账户

在企业的生产经营过程中，为了加强管理，对某项经济业务，如材料采购业务或产品生产业务，可以按照两种不同的计价标准计价，并将两种不同的计价标准进行对比，借以确定其业务成果。计价对比账户就是用来对上述业务按照两种不同的计价标准进行计价、对比，确定其业务成果的账户。按计划成本进行材料日常核算的企业所设置的"材料采购"账户和按计划成本进行产成品日常核算的企业所设置的"生产成本"账户，就是属于这类账户。以"材料采购"账户为例，其结构的特点是：借方登记材料的实际采购成本（第一种计价），贷方登记入库材料的计划成本（第二种计价），将借、贷两方两种计价对比，可以确定材料采购的业务成果，即以实际采购成本与计划对比，确定超支或节约额。由于确定的材料成本差异，无论是超支还是节约，都要从"材料采购"账户结转记入"材料成本差异"账户，因此，当采购的材料均已全部运达并验收入库时，结转后"材料采购"账户应无余额。如有余额一定是在借方，表示期末尚有一部分材料尚未运达企业，或虽已运达企业但尚未验收入库，即在途材料。计价对比账户的结构可用图 4—19 表示。

借方	计价对比账户	贷方
发生额：核算业务的第一种计价		发生额：核算业务的第二种计价
第二种计价大于第一种计价的差		第一种计价大于第二种计价的差
额转入差异账户借方		额转入差异账户的贷方

图 4—19　计价对比账户

综上，账户按用途和结构分类，如图 4—20 所示。

```
          ┌ 盘存账户 ┌ "库存现金"账户
          │          │ "银行存款"账户
          │          │ "原材料"账户
          │          ┤ "交易性金融资产"账户
          │          │ "库存商品"账户
          │          └ "固定资产"账户
          │          ┌ "应收账款"账户
          │          │ "预付账款"账户
          │          │ "其他应收款"账户
          │          │ "应付账款"账户
          │          │ "短期借款"账户
          │ 结算账户 ┤ "应付职工薪酬"账户
          │          │ "应交税费"账户
          │          │ "应付股利"账户
          │          │ "预收账款"账户
          │          └ "其他应付款"账户
          │               ┌ "实收资本"账户
          │ 所有者投资账户 │ "资本公积"账户
          │               ┤ "盈余公积"账户
          │               └ "未分配利润"账户
          │ 集合分配账户——"制造费用"账户
    账户 ┤ 跨期摊配账户——"长期待摊费用"账户
          │ 成本计算账户——"生产成本"账户
          │          ┌ "主营业务收入"账户
          │ 收入账户 ┤ "其他业务收入"账户
          │          └ "营业外收入"账户
          │          ┌ "主营业务成本"账户
          │          │ "营业税金及附加"账户
          │          │ "其他业务成本"账户
          │          │ "管理费用"账户
          │ 费用账户 ┤ "销售费用"账户
          │          │ "财务费用"账户
          │          │ "营业外支出"账户
          │          └ "所得税费用"账户
          │ 财务成果账户——"本年利润"账户
          │          ┌ "累计折旧"账户
          │ 调整账户 ┤
          │          └ "利润分配"账户
          └ 计价对比账户——"材料采购"账户
```

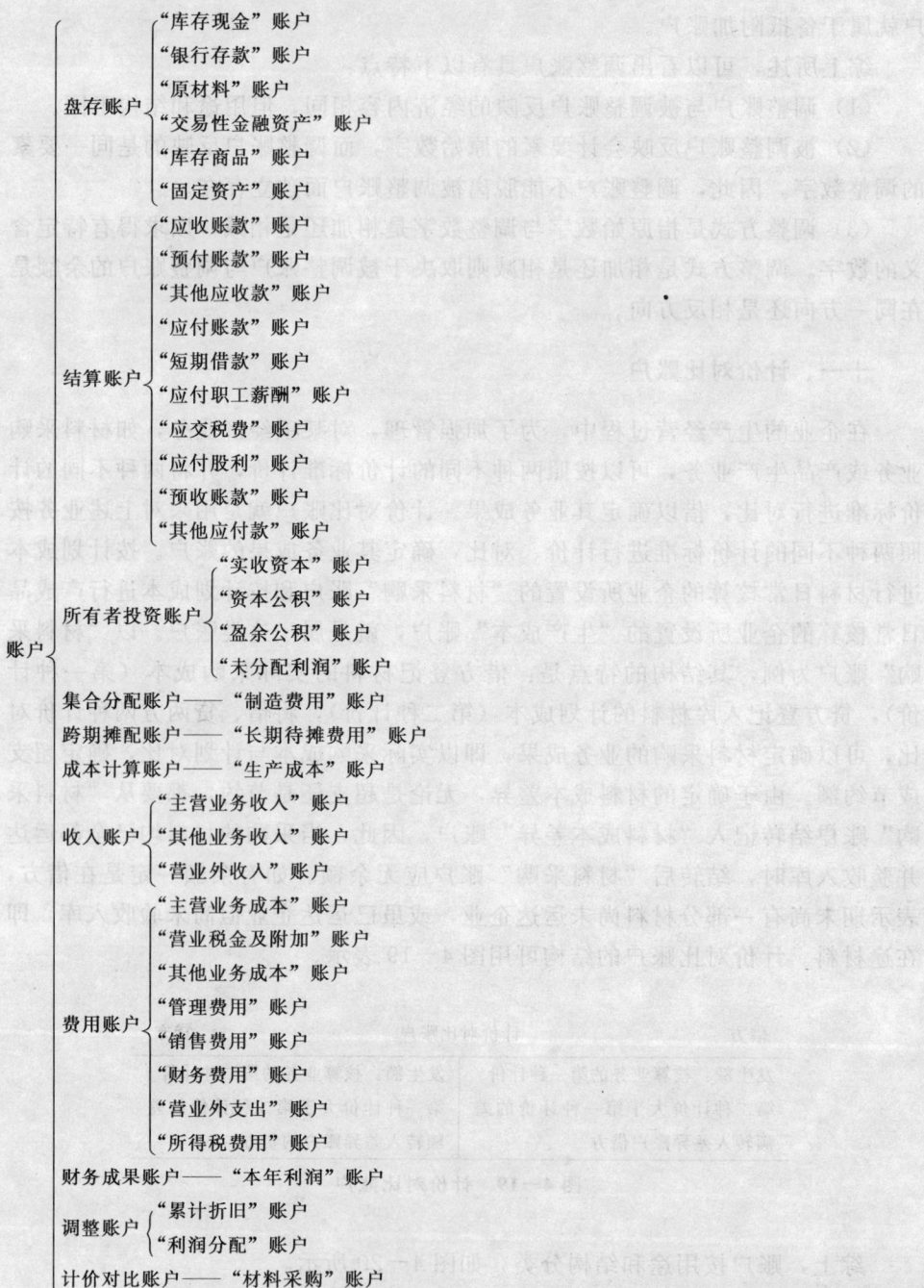

图4—20 账户按用途和结构分类

第五章　会计凭证

第一节　会计凭证概述

一、会计凭证的意义

在前几章中，我们介绍了借贷记账法的基本原理。即企业首先必须根据《企业会计准则》和国家统一会计制度的规定，并结合自身业务特点，设置会计科目和账户，然后在经济业务发生后按照借贷记账法的记账规则编写会计分录，最后将各会计分录登记到相应的账户中去，并进行试算平衡。而在实际会计工作中，这些方法的使用，则是借助于一定的载体进行的。也就是说，诸如明确经济业务发生情况的记录、会计分录的编制、账户的设置和登记等，都是在事先印制好的、具有专门格式的纸张上进行的，这些具有专门格式的纸张，就是本章和下一章将要专门介绍的会计凭证和会计账簿。

所谓会计凭证就是记录经济业务、明确经济责任的书面证明，也是登记账簿的依据。任何单位，每发生一项经济业务，如现金的收付、物资的进出、往来款项的结算等，经办业务的有关人员必须按照规定的程序和要求，认真填制会计凭证，记录经济业务发生或完成的日期和经济业务的内容，并在会计凭证上签名、盖章，有的凭证还需要加盖公章，以对会计凭证的真实性和正确性负责。一切会计凭证都必须经过有关人员的严格审核，只有经过审核无误的会计凭证才能作为登记账簿的依据。因此，会计凭证的填制和审核，对于完成会计工作任务，发挥会计在经济、管理中的作用，具有十分重要的意义。归纳起来，有以下三个方面。

（一）记录经济业务，提供记账依据

每个企业在生产经营过程中，都会发生大量的、各种各样的经济业务，会计部门要及时正确地记录这些经济业务，必须依据会计凭证。每当发生经济业务时，必须填制相应的会计凭证。一般地说，经济业务发生在哪里，会计凭证就在哪里填制。这样可以正确、及时地反映各项经济业务的发生及完成情况。随着经济业务的执行和完成，记载经济业务执行和完成情况的会计凭证就按规定的流转程序最终汇集到财务会计部门，成为记账的基本依据。

（二）明确经济责任，强化内部控制

任何一项经济业务活动，都要由经管人员填制凭证并签字盖章，这样就便于划清职责，加强责任感；并便于发现问题，查明责任，从而有利于加强与改善经营管理，推行经济责任制；以防止舞弊行为，强化内部控制制度。

（三）监督经济活动，控制经济运行

通过会计凭证的审核，可以监督各项经济业务的合法性，检查经济业务是否符合国家的有关法律、制度，是否符合企业目标和财务计划；检查经济业务有无违法乱纪，违反会计制度的现象，有无铺张浪费、贪污、盗窃等损害公共财产的行为发生；可以及时发现管理中存在的问题和管理制度中存在的漏洞，及时加以制止和纠正，以改善经营管理，提高经济效益。

二、会计凭证的种类

企业发生的经济业务内容非常复杂丰富，用以记录、监督经济业务的会计凭证，也必然是种类繁多，形式多样。例如，企业购买商品由供货方开出的发货票，支出款项由收款方开出的收据，出售商品开出的发货单，发出材料时使用的领料单，本单位会计部门根据发票、领料单等制成的，用来作为记账依据的凭证等，都是我们这里所研究的会计凭证的范畴。因此，为了具体地认识、掌握和运用会计凭证，首先要对会计凭证加以分类。我们可以根据取得和填制会计凭证的程序和用途，将这些会计凭证从总体上分为两大类：一类是用来记载和说明经济业务的发生和完成情况，明确经济责任的最初书面证明，称为原始凭证或单据；另一类是单位会计人员根据原始凭证填制的、作为登记账簿依据的记账凭证，又叫记账凭单。

第二节　原始凭证

一、原始凭证概述

（一）原始凭证的概念

原始凭证是记录经济业务已经发生、执行或完成，用以明确经济责任，作为记账依据的最初的书面证明文件，如出差乘坐的车、船票，采购材料的发货票，到仓库领料的领料单等，都是原始凭证。原始凭证是在经济业务发生的过程中直接产生的，是经济业务发生的最初证明，在法律上具有证明效力，所以也可叫做"证明凭证"，并且其法律效力要强于用于登记账簿的记账凭证。

（二）原始凭证的种类

原始凭证按其取得的来源不同，可以分为自制原始凭证和外来原始凭证两类。

1. 自制原始凭证

自制原始凭证是指在经济业务发生、执行或完成时，由本单位的经办人员自行填制的原始凭证，如收料单、领料单、产品入库单等。自制原始凭证按其填制手续不同，又可分为一次凭证、累计凭证、汇总原始凭证和记账编制凭证四种。

（1）一次凭证。在自制的原始凭证中，大部分凭证的填制手续是一次完成的，已填制的凭证不能再重复使用，这类自制原始凭证称为一次性凭证。如企业购进材料验收入库，由仓库保管员填制的收料单，见表5－1；车间或班组向仓库领用材料时填制的领料单，见表5－2；差旅人员填制的、出纳人员据以付款的借款单，见表5－3，等等。这些凭证都是一次凭证。

（2）累计凭证。在一些单位，为了连续反映某一时期内不断重复发生而分次进行的特定业务，需要在一张凭证中连续累计填列该项特定业务的具体情况，这种凭证称为累计凭证。如限额领料单，见表5－4。限额领料单中注明了某种材料在规定期限内的领用额度，用料单位每次领料及退料，都要由经办人员在限额领料单上逐笔记录、签章，并结出限额结余。使用这种凭证，既可以做到对领用材料的事前控制，又可减少凭证填制手续。但因这种凭证要反复使用，所以必须严格凭证的保管制度和材料收发手续。

表 5—1　　　　　　　　　　　　**收 料 单**

材料科目：　　　　　　　　　　　　　　　　　　　　　　　收料仓库：

供应单位：　　　　　　　　　　年　月　日　　　　　　　发票号码：

材料编号	材料名称	规格	计量单位	数量		实际价格			
				应收	实收	单价	发票金额	运费	合计
备　注									

采购员：　　　　　　　检验员：　　　　　　　记账员：　　　　　　　保管员：

表 5—2　　　　　　　　　　　　**领 料 单**

领料部门：　　　　　　　　　　用途：　　　　　　　　　　年　月　日

材料编号	材料名称	规格	计量单位	数　量		单价	金额
				请领	实领		

领料部门负责人：　　　　　　领料人：　　　　　　会计：　　　　　　发料人：

表 5—3　　　　　　　　　　　　**借 款 单**
　　　　　　　　　　　　　　　年　月　日

借款人			借款事由		
所属部门					
借款金额	人民币（大写）		核准金额	人民币（大写）	
审批意见： 　　　　　　年　月　日		归还期限	月　日	归还方式	

会计主管：　　　　　　复核人：　　　　　　出纳：　　　　　　借款人：

表 5－4　　　　　　　　　　　　**限额领料单**

领料部门：　　　　　　　　　　　　　　　　　　　第　号：

用途：　　　　　　　　　　年　月　日　　　　　发料仓库：

材料编号	材料名称	计量单位	计划投产量	单位消耗定额	领用限额	实 发									
						数量	金 额								
							百	十	万	千	百	十	元	角	分

日期	领　用			退　料			限额结余数量
	数　量	领料人	发料人	数　量	退料人	收料人	

（3）汇总原始凭证。实际工作中，为集中反映某项经济业务的总括情况，并简化记账凭证的填制工作，往往将一定时期内若干记录同类性质经济业务的原始凭证汇总编制成一张凭证，如收货汇总表、商品销货汇总表、发出材料汇总表等。汇总原始凭证所汇总的内容，只能是同类经济业务，即将反映同类经济业务的各原始凭证汇总编成一张汇总原始凭证，不能汇总不同类别的经济业务。汇总原始凭证在大中型企业中使用得非常广泛，因为它可以简化核算手续，提高核算工作效率；能够使核算资料更为系统化，使核算过程更为条理化；能够直接为管理提供某些综合指标。

（4）记账编制凭证。在企业自制的各种原始凭证中，一般都是以实际发生或完成的经济业务为依据，由经办人员填制并签章，但有些自制原始凭证，则是由会计人员根据已经入账的结果，对某些特定项目进行归类、整理而编制的，这种根据账簿记录而填制的原始凭证，称为记账编制凭证。如月末确定已销商品成本时根据库存商品账簿记录所编制的成本计算表，月末计算产品生产成本时所编制的制造费用分配表以及月末所编制的利润分配计算表等。

2. 外来原始凭证

外来原始凭证是指同外部单位发生经济往来关系时，从外部单位取得的原始凭证。如购货时取得的发货单，付款时取得的收据，采购商品时取得的增值税专用发票，出差乘坐的车、船票，货物运输发票等。增值税专用发票的一般格式如表 5—5 所示。

表 5—5

增值税专用发票

发票联 No02356279

开票日期： 年 月 日

购货单位	名称：				密码区			
	纳税人识别号：							
	地址、电话：							
	开户银行及账户							
货物或应税劳务名称	规格或型号	单位	数量	单价	金额	税率	税额	
合计								
价税合计（大写）				（小写）				
销货单位	名称：				备注			
	纳税人识别号：							
	地址、电话：							
	开户行及账号：							

第四联 发票联

收款人： 复核： 开票人： 销货单位：

二、原始凭证的填制

（一）原始凭证的基本要素

在会计实务中，原始凭证绝大部分并不是由财会人员填制的，而是由有关单位或本单位有关业务人员填制的。由于各种经济业务的内容和管理的要求不同，原始凭证的名称、格式和内容多种多样，其填制和审核的具体内容也会因此而多种多样。但是，各种原始凭证都应具备一些共同的基本要素，主要有以下几个方面。

1. 原始凭证的名称

任何原始凭证都应有名称，例如收料单、领料单、发票等。原始凭证的名称表明了该原始凭证的用途，例如，收料单是反映入库材料的原始凭证。

2. 填制凭证的日期

原始凭证必须写明填制的日期，以表明这项经济业务是在什么时候发生或完成的，所以原始凭证上写明的日期，应是经济业务发生或完成的日期。

3. 凭证的编号

有些原始凭证需要进行连续的编号。

4. 填制和接收凭证的单位名称

编制原始凭证，一定要有个对方，这个对方就是接收单位。凭证的接收单位就是发生经济业务往来的单位，而不是第三者。

5. 经济业务的基本内容

其中包括经济业务发生的数量和金额。因为原始凭证是用来证明经济业务的发生或完成情况的，因此必须在凭证上写明经济业务的内容，包括经济业务所涉及的商品的品种、数量、单位、单价和金额等。

6. 填制单位和经办人员的签章

为了明确经济责任，原始凭证要由编制单位加盖公章，并由经办人员签名或盖章。

同时，为了满足经营管理的需要，自制原始凭证除应包括上述内容之外，还可补充其他必要的内容。例如，为了掌握计划、预算或合同的执行情况，可在有关的原始凭证上注明计划定额或合同编号等。根据某些经济业务的特点，考虑管理的需要，还可在有关原始凭证上增加需提供的资料。此外，有些经济业务在不同单位中经常发生，为了使各单位所填制的原始凭证能够提供统一管理所需要的资料，主管部门可制订统一的凭证格式。例如，中国人民银行统一制订的现金支票、转账支票，铁道部统一制订的铁路运单，就是分别在各级银行和铁路部门统一使用的原始凭证。

（二）原始凭证的填制要求

填制原始凭证的方式主要有三种：一是在经济业务实际发生或完成时，由经办人员直接填制，如一次凭证和累计凭证；二是根据已经入账的有关经济业务，由会计人员在分析整理后进行填制，如记账编制凭证；三是根据若干张同类经济业务的原始凭证定期进行汇总填制，如汇总原始凭证。因此，原始凭证的填制方式不同，其填制的要求也不完全一致，但就原始凭证应反映实际发生的经济业务、明确有关人员的责任而言，其填制的一般要求是相同的，主要有以下几点：

（1）凭证所反映的经济业务必须合法，必须符合国家有关政策、法令、规章、制度的要求，不符合以上要求的，不得列入原始凭证。

（2）填制在凭证上的内容和数字，必须真实可靠，要符合有关经济业务的实际情况。

（3）各种凭证的内容必须逐项填写齐全，不得遗漏，必须符合手续完备的要求，经办业务的有关部门和人员要认真审查，签名盖章。

（4）各种凭证的书写要用蓝黑墨水，文字要简要，字迹要清楚，易于辨认。不得使用未经国务院公布的简化字；对阿拉伯数字要逐个写清楚，不得连写；在数字前应填写人民币符号"￥"；属于套写的凭证，一定要写透，不要上面清楚，下面模糊。

（5）大小写金额数字要符合规格，正确填写。大写金额数字应一律用如壹、贰、叁、肆、伍、陆、柒、捌、玖、拾、佰、仟、万、亿、元、角、分、零、整等，不得乱造简化字；没有角、分的，要在元后写"整"字。金额数字中间有"0"字时，如小写金额￥1001.50，大写金额中可以只写一个"零"字，为"壹仟零壹元伍角"；大写金额中有角、分的，元以下不写"整"字。银行结算制度规定的结算凭证，预算的缴款凭证和拨款凭证，企业的发票、收据、提货单、运单、合同、契约以及其他规定需要填列大写金额的各种凭证，必须有大写的金额，不得只填小写金额，不填大写金额。

（6）各种凭证不得随意涂改、刮擦、挖补，填写错误需要更正时，应用画线更正法，即将错误的文字和数字用红色墨水画线注销，再将正确的数字和文字用蓝字写在画线部分的上面，并签名、盖章。

（7）各种凭证必须编号，以便查考。各种凭证如果已预先印定编号，在写坏作废时，应当加盖"作废"戳记，全部保存，不得撕毁。

（8）各种凭证必须及时填制，一切原始凭证都应按照规定程序及时送交财会部门，由财会部门加以审核，并据以编制记账凭证。

三、原始凭证的审核

审核会计凭证是正确组织会计核算和进行会计检查的一个重要方面，也是实行会计监督的一个重要手段。为了正确地反映和监督各项经济业务，保证核算资料的真实、准确和合法，会计部门和经办业务的有关部门，必须对会计凭证，特别是对原始凭证进行严格、认真的审核。

会计凭证的审核，主要是对各种原始凭证的审核。各种原始凭证，除由经办业务的有关部门审核外，最后要由会计部门进行审核。及时审核原始凭证，是对经济业务进行的有效监督。审核原始凭证，主要是审查以下两方面的内容。

（一）合法性审核

审查发生的经济业务是否符合国家的政策、法令、制度和计划的规定，有无违反财经纪律等违法乱纪行为。如有违反，要向本单位领导汇报，提出拒绝执行的意见，必要时，可向上级领导机关反映有关情况；对于弄虚作假，营私舞弊，伪造、涂改凭证等违法乱纪行为，必须及时揭露，并向上级领导汇报。

（二）合规性审核

审查原始凭证填写的内容是否符合规定的要求，如查明凭证所记录的经济业务是否符合实际情况，应填写的项目是否齐全，数字和文字是否正确，书写是否清楚，有关人员是否已签名、盖章等。如有手续不完备或数字填列错误的凭证，应由经办人员补办手续或更正错误。

原始凭证的审核，是一项严肃而细致的工作，会计人员必须坚持制度、坚持原则，履行会计人员的职责。在审核过程中，对于内容不全面，手续不完备，数字不准确以及情况不清楚的原始凭证，应当退还给有关单位或个人，并令其补办手续或进行更正。对于违反制度和法令的一切收支，会计人员应拒绝付款、拒绝报销或拒绝执行，并向本单位领导报告。对于伪造凭证、涂改凭证和虚报冒领等不法行为，会计人员应扣留原始凭证，并根据《中华人民共和国会计法》的规定，向领导提出书面报告，请示严肃处理。

第三节　记账凭证

一、记账凭证概述

（一）记账凭证的概念

记账凭证是会计人员根据审核无误的原始凭证或汇总原始凭证，用来确定经济业务应借、应贷的会计科目和金额而填制的，作为登记账簿直接依据的会计凭证。在登记账簿之前，应按实际发生经济业务的内容编制会计分录，然后据以登记账簿。在实际工作中，会计分录是通过填制记账凭证来完成的。

由于原始凭证来自不同的单位，种类繁多，数量庞大，格式不一，不能清楚地表明应记入的会计科目的名称和方向。为了便于登记账簿，需要根据原始凭证反映的不同经济业务，加以归类和整理，填制具有统一格式的记账凭证，确定会计分录，并将相关的原始凭证附在后面。这样不仅可以简化记账工作、减少差错，而且有利于原始凭证的保管，便于对账和查账，提高会计工作质量。

（二）记账凭证的种类

1. 按适用的经济业务分类

记账凭证按其适用的经济业务，分为专用记账凭证和通用记账凭证两类。

（1）专用记账凭证，是用来专门记录某一类经济业务的记账凭证。专用记账凭证按其所记录的经济业务是否与库存现金和银行存款的收付有关，可分为收款凭证、付款凭证和转账凭证三种。

1）收款凭证。收款凭证是用来记录库存现金和银行存款等货币资金收款业务的凭证，它是根据库存现金和银行存款收款业务的原始凭证填制的。在借贷记账法下收款凭证的设证科目是借方科目。在收款凭证左上方所填列的借方科目，应是"库存现金"或"银行存款"科目。在凭证内所反映的贷方科目，应填列与"库存现金"或"银行存款"相对应的科目。金额栏填列经济业务实际发生的数额，在凭证的右侧填写附原始凭证张数，并在制单处签名、盖章。其格式见表5-6。

表5-6　　　　　　　　　　　　收款凭证

借方科目：　　　　　　　　　　年　　月　　日　　　　　　　　收字第　　号

摘　要	贷方科目	账　页	金　额		附原始凭证张
			一级科目	明细科目	
合　计					

会计主管：　　　　记账：　　　　审核：　　　　出纳：　　　　填制：

2）付款凭证。付款凭证是用来记录库存现金和银行存款等货币资金付款业务的凭证，它是根据库存现金和银行存款付款业务的原始凭证填制的。在借贷记账法下，付款凭证的设证科目是贷方科目。在付款凭证左上方所填列的贷方科目，应是"库存现金"或"银行存款"科目。在凭证内所反映的借方科目，应填列与"库存现金"或"银行存款"相对应的科目。金额栏填列经济业务实际发生的数额，在凭证的右侧填写所附原始凭证的张数，并在制单处签名、盖章。其格式见表5—7。

表 5—7   **付款凭证**

贷方科目：   年   月   日   付字第   号

摘　要	借方科目	账　页	金　额		附原始凭证　张
			一级科目	明细科目	
合　计					

会计主管：　　　　记账：　　　　审核：　　　　出纳：　　　　填制：

3）转账凭证。转账凭证是用以记录与货币资金收付无关的转账业务的凭证，它是由会计人员根据审核无误的转账业务原始凭证填制的。在借贷记账法下，将经济业务所涉及的会计科目全部填列在凭证内，借方科目在上，贷方科目在下，将各会计科目应借、应贷的金额填列在"借方金额"或"贷方金额"栏内。借、贷方金额合计应该相等。制单人应在填制凭证后签名、盖章，并在凭证的右侧填写所附原始凭证的张数。其格式见表5—8。

表 5—8   **转账凭证**

                             年   月   日   转字第   号

摘要	会计科目	账页	借方金额		贷方金额		附原始凭证　张
			一级科目	明细科目	一级科目	明细科目	
合　计							

会计主管：　　　　记账：　　　　审核：　　　　出纳：　　　　填制：

（2）通用记账凭证，是用来记录各种经济业务的凭证。采用通用记账凭证的经济单位，不再根据经济业务的内容分别填制收款凭证、付款凭证和转账凭证。所以，涉及货币资金收付业务的记账凭证是由出纳根据审核无误的原始凭证收付款后填制的，涉及转账业务的记账凭证，是由有关会计人员根据审核无误的原始凭证填制的。在借贷记账法下，将经济业务所涉及的会计科目全部填列在凭证内，借方在上，贷方在下。将各会计科目应借、应贷的金额填列在"借方金额"或"贷方金额"栏内，借、贷方金额合计数应相等。制单人应在填制凭证完毕后签名、盖章，并在凭证右侧填写所附原始凭证的张数。其格式见表5-9。

表5-9　　　　　　　　　　记账凭证

年　月　日　　　　　　　字第　号

摘　要	会计科目	账页	借方金额		贷方金额		附原始凭证　张
			一级科目	明细科目	一级科目	明细科目	
合　计							

会计主管：　　记账：　　审核：　　出纳：　　填制：

在经济业务比较简单的经济单位，为了简化凭证可以使用通用记账凭证，记录所发生的各种经济业务。

2. 按包括的会计科目分类

记账凭证按其包括的会计科目是否单一，分为复式记账凭证和单式记账凭证两类。

（1）复式记账凭证。复式记账凭证又叫做多科目记账凭证，要求将某项经济业务所涉及的全部会计科目集中填列在一张记账凭证上。复式记账凭证可以集中反映账户的对应关系，因而便于了解经济业务的全貌，了解资金的来龙去脉；便于查账，同时可以减少填制记账凭证的工作量，减少记账凭证的数量；但是不便于汇总计算每一会计科目的发生额，便于分工记账。上述收款凭证、付款凭证和转账凭证的格式都是复式记账凭证的格式。

（2）单式记账凭证。单式记账凭证又叫做单科目记账凭证，要求将某项经济业务所涉及的每个会计科目，分别填制记账凭证，每张记账凭证只填列一个会计科目，其对方科目只供参考，不据以记账。也就是把某一项经济业务的会计分录，按其所涉及的会计科目，分散填制两张或两张以上的记账凭证。单式记账凭证便于汇总计算每一个会计科目的发生额，但是填制记账凭证的工作量较大，而且出现差错不易查找。

3. 按是否经过汇总分类

记账凭证按其是否经过汇总，可以分为汇总记账凭证和非汇总记账凭证两种。

（1）汇总记账凭证。汇总记账凭证，是根据非汇总记账凭证按一定的方法汇总填制的记账凭证。汇总记账凭证按汇总方法不同，可分为分类汇总凭证和全部汇总凭证两种。

1）分类汇总凭证。分类汇总记账凭证是根据一定期间的记账凭证按其种类分别汇总填制的。如"库存现金汇总收款凭证"和"银行存款汇总收款凭证"、"库存现金汇总付款凭证"和"银行存款汇总付款凭证"、"汇总转账凭证"都是分类汇总凭证。

2）全部汇总凭证。全部汇总凭证是根据一定期间的记账凭证全部汇总填制的，如"科目汇总表"就是全部汇总凭证。

（2）非汇总记账凭证。非汇总记账凭证，是没有经过汇总的记账凭证。收款凭证、付款凭证和转账凭证以及通用记账凭证都是非汇总记账凭证。

二、记账凭证的填制

（一）记账凭证的基本要素

记账凭证种类甚多，格式不一，但其主要作用，都在于对原始凭证进行分类、整理，按照复式记账的要求，运用会计科目，编制会计分录，据以登记账簿。因此，记账凭证必须具备以下基本内容：

（1）填制单位的名称。

（2）记账凭证的名称。

（3）记账凭证的编号。

（4）填制凭证的日期。

（5）经济业务的内容摘要。

（6）会计科目（包括一级、二级和明细科目）的名称、记账方向和金额。

（7）所附原始凭证的张数。

（8）制证、审核、记账、会计主管等人员的签章，收款凭证和付款凭证还应由出纳签名、盖章。

（二）记账凭证的填制要求

填制记账凭证，是会计核算工作的重要环节，是对原始凭证的整理和分类。填制记账凭证能使记账更为条理化，保证记账工作的质量，也能简化记账工作，提高会计核算效率。

如果说会计人员对原始凭证主要注重审核，那么，对记账凭证则主要注重填制。填制记账凭证的具体要求如下：

（1）记账凭证的摘要栏是对经济业务的简要说明，又是登记账簿的重要依据，必须针对不同性质的经济业务的特点，考虑登记账簿的需要，用简明的语言正确填写，不可漏填或错填。

（2）必须按照会计制度统一规定的会计科目，根据经济业务的性质，编制会计分录，以保证核算的口径一致，便于综合汇总。应用借贷记账法编制分录时，应编制简单分录或复合分录，以便从账户对应关系中反映经济业务的情况。

（3）填制记账凭证，可以根据每一份原始凭证单独填制，也可以根据同类经济业务的多份原始凭证汇总填制，还可以根据汇总原始凭证来填制。

记账凭证在一个月内应当连续编号，以便查核。在使用通用凭证时，可按经济业务发生的顺序编号。采用收款凭证、付款凭证和转账凭证的，可采用"字号编号法"，即按凭证类别顺序编号，也可采用"双重编号法"，即按总字顺序编号与按类别顺序编号相结合。一笔经济业务，需要编制多张记账凭证时可采用"分数编号法"，在使用单式记账凭证时，也可采用"分数编号法"。

（4）记账凭证的日期。收、付款凭证应按货币资金收付的日期填写；转账凭证原则上应按收到原始凭证的日期填写。如果一份转账凭证依据不同日期的某类原始凭证填制时，可按填制凭证日期填写。在月终时，有些转账业务要等到下月初方可填制转账凭证时，也可按月末的日期填写。

（5）记账凭证上应注明所附的原始凭证张数，以便查核。如果根据同一原始凭证填制数张记账凭证时，则应在未附原始凭证的记账凭证上注明"附件××张，见第××号记账凭证"。如果原始凭证需要另行保管时，则应在附件栏内加以注明，但更正错账和结账的记账凭证可以不附原始凭证。

（6）在采用"收款凭证"、"付款凭证"和"转账凭证"等复式凭证的情况下，凡涉及库存现金和银行存款的收款业务，填制收款凭证；凡涉及库存现金和银行存款的付款业务，填制付款凭证；涉及转账业务的，填制转账凭证。但是库存现金和银行存款之间的划转业务，按规定只填制付款凭证，以免重复记账。如库存现金存入银行只填制一张"库存现金"付款凭证；对于从银行提取库存现金的经济业务，只填制一张"银行存款"付款凭证。

（7）记账凭证填写完毕，应进行复核与检查，并按所使用的记账方法进行试算平衡。有关人员，均要签名、盖章。出纳根据收款凭证收款，或根据付款凭证付款时，要在凭证上加盖"收讫"或"付讫"的戳记，以免重收、重付，出现差错。

三、记账凭证的审核

为了正确登记账簿和监督经济业务，除了编制记账凭证的人员应当认真负责、正确填制、加强自审以外，同时还应建立专人审核制度。如前所述，记账凭证是根据审核后的合法的原始凭证填制的。因此，记账凭证的审核，除了要对原始凭证进行复审外，还应注意以下几点。

（一）合规性审核

审核记账凭证是否附有原始凭证，原始凭证是否齐全，内容是否合法，记账凭证所记录的经济业务与所附原始凭证反映的经济业务是否相符。

（二）技术性审核

审核记账凭证的应借、应贷科目是否正确，账户对应关系是否清晰，所使用的会计科目及其核算内容是否符合会计制度的规定，金额计算是否准确，摘要是否填写清楚，项目填写是否齐全，如日期、凭证编号、二级和明细会计科目、附件张数以及有关人员的签章等。

在审核过程中，如果发现差错，应查明原因，按规定办法及时处理和更正。只有经过审核无误的记账凭证，才能据以登记账簿。

对会计凭证进行审核，是保证会计信息质量、发挥会计监督作用的重要手段。要做好会计凭证的审核工作、正确发挥会计的监督作用，会计人员应当做到：既要熟悉和掌握国家政策、法令、规章制度和计划、预算的有关规定，又要熟悉和了解本单位的经营情况。只有这样，才能明辨是非，确定哪些经济业务是合理、合法的，哪些经济业务是不合理、不合法的。会计人员应自觉地执行政策，遵守制度，正确处理各种经济关系。

第四节　会计凭证的传递和保管

一、会计凭证的传递

会计凭证的传递，是指会计凭证从填制到归档保管的整个过程中，在单位内部各有关部门和人员之间的传递程序和传递时间。各种会计凭证，它们所记录的经济业务不尽相同，所要需要办理的业务手续和所需的时间也不尽相同。企业应当为每种会计凭证的传递规定合理的传递程序和在各个环节停留的时间。会计凭证的传递是会计制度的一个重要组成部分，应当在会计制度中做出明确的规定。

正确地组织会计凭证的传递，对于及时地反映和监督经济业务的发生和完成情况，合理地组织经济活动，加强经济管理责任制，具有重要意义。因为正确地组织凭证的传递，能及时、真实地反映和监督经济业务的发生和完成情况；能把有关部门和人员组织起来，分工协作，使正常的经济活动得以顺利地实现；能考核经办业务的有关部门和人员是否按照规定的手续办事，从而加强经营管理上的责任制。

科学的传递程序，应该使会计凭证沿着最迅速、最合理的流向运行。因此，在制订会计凭证传递程序时，应当注意考虑下列三个问题：

（1）要根据经济业务的特点、企业内部机构的设置和人员分工的情况，以及经营管理上的需要，恰当地规定各种会计凭证的联数和所流经的必要环节，做到既要使各有关部门和人员能利用凭证了解经济业务情况，并按照规定手续进行处理和审核，又要避免凭证传递通过不必要的环节，影响传递速度。

（2）要根据有关部门和人员对经济业务办理必要手续（如计量、检验、审核、登记等）的需要，确定凭证在各个环节停留的时间，保证业务手续的完成，但又要防止不必要的耽搁，从而使会计凭证以最快的速度传递，以充分发挥它及时传递经济信息的作用。

（3）建立凭证交接的签收制度。为了确保会计凭证的安全和完整，在各个环节中都应指定专人办理交接手续，做到责任明确，手续完备、严密、简便易行。

二、会计凭证的保管

会计凭证的保管，是指会计凭证登账后的整理、装订和归档存查。会计凭证是记账的依据，是重要的经济档案和历史资料，所以对会计凭证必须妥善整理和保管，不得丢失或任意销毁。

会计凭证的保管，既要做到会计凭证的安全和完整无缺，又要便于凭证的事后调阅和查找。会计凭证归档保管的主要方法和要求是：

（1）每月记账完毕，要将本月各种记账凭证加以整理，检查有无缺号和附件是否齐全。然后按顺序号排列，装订成册。为了便于事后查阅，应加具封面，封面上应注明：单位的名称、所属的年度和月份、起讫的日期、记账凭证的种类、起讫号数、总计册数等，并由有关人员签章。为了防止任意拆装，在装订线上要加贴封签，并由会计主管人员盖章。会计凭证封面的格式如表5—10所示。

表5—10　　　　　　　　　　会计凭证封面

年	（企业名称）		
月份	年　　月份　　共　　册　　第　　册		
	收款		
	付款　凭证　第　　号至第　　号　共　　张		
	转账		
第	附：原始凭证共　　　　张		
册	会计主管（签章）　　　　　　　保管（签章）		

（2）如果在一个月内，凭证数量过多，可分装若干册，在封面上加注共几册字样。如果某些记账凭证所附原始凭证数量过多，也可以单独装订保管，但应在其封面及有关记账凭证上加注说明。对重要原始凭证，如合同、契约、押金收据以及需要随时查阅的收据等在需要单独保管时，应编制目录，并在原记账凭证上注明另行保管，以便查核。

（3）装订成册的会计凭证应集中保管，并指定专人负责。查阅时，要履行有一定的手续。

（4）会计凭证的保管期限和销毁手续，必须严格执行会计制度的规定，任何人无权自行随意销毁。

第六章　会计账簿

第一节　会计账簿概述

一、会计账簿的概念和作用

会计账簿是指以经过审核的会计凭证为依据，用来序时地、分类地记录和反映各项经济业务的簿籍，它是由具有专门格式，而又以一定形式联系在一起的账页组成的。会计凭证数量很多，又很分散，它只能零散地反映个别经济业务的内容，不能连续、系统、全面地反映和监督一个经济单位在一定时期内某类和全部经济业务的变化情况，更不能比较系统、完整地反映、监督企业价值运动的整体情况。并且，任何会计凭证都不能直接提供经营管理所需要的综合指标，例如成本、利润、收入等。同时，会计凭证容易散失，不便于查找和日常使用。为了给企业提供系统的核算资料，就需要运用登记账簿的方法，把分散在会计凭证上的大量的核算资料，加以集中和归类整理，登记到账簿中去。

设置和登记账簿，是对经济信息进行加工、整理的一个专门方法，是会计核算工作的一个重要环节，对于加强管理有十分重要的意义。

（1）账簿可以为企业的管理提供系统、完整的会计信息。通过设置和登记账簿，可以对经济业务进行序时或分类的核算，将分散的核算资料加以系统化，全面、系统地提供有关企业财务状况和经营成果的总括和明细的核算资料。

（2）账簿可以为定期编制会计报表提供数据资料。通过账簿财会部门可以分门别类地对经济业务进行登记，积累一定时期的会计资料，为编制会计报表提供基础。

（3）账簿是考核企业经营成果、加强经济核算、分析经济活动情况的重要依据。账簿记录了一定时期的资金取得与运用情况，提供了费用、成本、销售收入等资料。企业结合有关资料，可以进行经济活动分析，以便总结经验，提出措施，改进工作。

二、会计账簿的种类

一个会计主体拥有的账簿不是一本两本，而是功能各异、结构有别的一整套账簿，形成了一个账簿体系。这些账簿有些能提供总括的指标，有些能提供明细的指标；有些能提供综合的指标，有些能提供分散的指标；有些能提供价值指标，有些能提供实物指标；有些作序时的记录，有些作分类的记录。为了具体地认识各种账簿的特点，以便更好地运用、掌握，可以对账簿从不同的角度进行分类。

（一）会计账簿按用途分类

会计账簿按其用途不同，可以分为日记账、分类账和备查账三类。

1. 日记账

日记账也称序时账。它是按照经济业务发生时间的先后顺序，逐日逐笔进行连续登记的会计账簿。日记账有两种形式，一种是把性质相同的经济业务分别登记下来，称为特种日记账。例如，为了加强货币资金管理，各单位对库存现金和银行存款的收付业务，都必须专门设置库存现金日记账和银行存款日记账进行登记。库存现金日记账和银行存款日记账就是特种日记账。另一种是把全部经济业务按照时间顺序记录在账簿中，称为普通日记账。普通日记账不便于查阅和使用，也不便于进行会计核算和监督，因此，一般单位很少采用普通日记账。库存现金日记账和银行存款日记账的一般格式见表6－1和表6－2。

表6－1　　　　　　　　　　**库存现金日记账**

年		凭证		摘　要	对方科目	借方	贷方	余额
月	日	字	号					

表6-2   **银行存款日记账**

年		凭证		摘要	结算凭证		对方科目	借方	贷方	余额
月	日	字	号		种类	号数				

2. 分类账

分类账是对全部经济业务按照账户进行分类登记的会计账簿。分类账按照反映经济业务的详细程度不同，又分为总分类账和明细分类账。

（1）总分类账简称总账，是根据一级会计科目开设账户，用以全面、连续地记录和反映全部经济业务的账簿。总分类账可以提供经济活动和财务收支的全面情况，统驭明细分类账，为编制会计报表提供主要依据。所有单位都必须设置总分类账。其一般格式见表6-3。

表6-3   **总分类账**

会计科目：

年		凭证		摘要	对方科目	借方	贷方	余额
月	日	字	号					

（2）明细分类账简称明细账，是根据总分类科目所属二级科目或明细科目开设账户，用以分类登记某一类经济业务，提供比较详细的核算资料的账簿。明细分类账可以提供经济活动和财务收支的详细情况，有利于加强财产物资的管理，监督往来款项的结算，也可以为编制会计报表提供必要的资料。因此，各单位可在设置总分类账的基础上，根据经营管理的实际需要，设置必要的明细分类账。

3. 备查账

备查账也称辅助账。它是对某些在日记账和分类账等主要账簿中未能记录或记载不全的经济业务进行补充登记的账簿,是一种辅助性的账簿,它可以为经营管理者提供必要的参考资料。例如,应收票据备查簿、租入固定资产备查簿等。备查账没有固定格式,它与其他账簿之间不存在依存和钩稽关系。

(二)会计账簿按外表形式分类

会计账簿按其外表形式不同,可以分为订本账、活页账和卡片账三类。

1. 订本账

订本账是在启用前就已经按顺序编号并固定装订成册的账簿,库存现金日记账、银行存款日记账和总分类账一般采用这种形式。其优点是可以防止账页散失或抽换账页;其缺点是账页固定后,不能确定各账户应该预留多少账页,也不便于会计人员分工记账。

2. 活页账

活页账是在启用前和使用过程中把账页置于活页账夹内,随时可以取放账页的账簿。它适用于一般明细分类账,优点是可根据实际需要灵活使用,也便于分工记账;其缺点是账页容易散失和被抽换。为了克服此缺点,使用活页账时必须要求按账页顺序编号,期末装订成册,加编目录,并由有关人员盖章后保存。

3. 卡片账

卡片账是由许多具有账页格式的硬纸卡片组成,存放在卡片箱中的一种账簿。卡片账多用于固定资产、存货等实物资产的明细分类核算。其优点和缺点与活页账基本相同,但使用卡片账一般不需要每年更换。

(三)会计账簿按格式分类

会计账簿按其格式不同,可以分为三栏式账簿、多栏式账簿和数量金额式账簿三种。

1. 三栏式账簿

它是指设有借方、贷方和余额三个基本栏目的会计账簿。三栏式账簿适用于只要求进行金额核算,而不要求进行数量核算的有关账户,如库存现金、银行存款、应收账款、应付账款等。

2. 多栏式账簿

它是指在账簿的借方和贷方按需要设置多个专栏的会计账簿。专栏是设置在借方,还是设置在贷方,或是两方同时设专栏,以及需要设置多少专栏,都由各单位根据实际需要确定。多栏式账簿可以提供某类经济业务的详细情况,一般适用于收入、成本、费用等账户,如主营业务收入、生产成本、制造费用等。

3. 数量金额式账簿

它是指在账簿的收入、发出和结存三个栏目内,分别设置数量、单价和金额三个小栏,以反映财产物资的实物数量和价值量的会计账簿。数量金额式账簿适用于既要进行金额核算,又要进行数量核算的账户,如原材料、产成品、库存商品等。

以上三种会计账簿的分类并不是孤立的,而是相互联系的,它们的关系如表6—4所示:

表6—4   三种会计账簿的关系

	三栏式账簿	数量金额式账簿	多栏式账簿
订本账	日记账、总分类账		
活页账	只进行金额核算,不进行数量核算的明细分类账	既进行金额核算,又要进行数量核算的明细分类账	费用、成本、收入等明细分类账
卡片账		备查账	

三、会计账簿与会计账户的关系

会计账簿与会计账户有着十分密切的联系。账户是根据会计科目开设的,它存在于账簿之中,账簿中的账页就是账户的存在形式和载体,没有账簿,账户也就无法存在。账簿是由一定格式、相互联系的账页所组成的簿籍,账簿只是一个外在形式,账户才是它的真实内容。没有账户,账簿也就成了简单的簿籍。因此可以说,账簿是由若干账页所组成的一个整体,而开设在账页上的账户则是这个整体中的个别部分。概括地来讲,会计账簿与会计账户的关系,是形式和内容的关系。

第二节 账簿的设置与登记

一、设置账簿的原则

任何单位都应当根据本单位经济业务的特点和经营管理的需要,设置一定种类和数量的账簿。一般说来,设置账簿应当遵循下列原则:

(1) 账簿的设置要能保证全面、系统地反映和监督各单位的经济活动情况,为经营管理提供系统、分类的核算资料。

（2）设置账簿要在满足实际需要的前提下，考虑人力和物力的成本，避免重复设账。

（3）账簿的格式，要按照所记录的经济业务的内容和需要提供的核算指标进行设计，要力求简便实用，避免烦琐、重复。

二、会计账簿的基本内容

会计账簿是一种记录经济业务发生情况的簿籍。由于现代企业经济业务复杂，需要反映的经济信息很多，企业设置的账簿可能不止一本（一般有几本到几十本不等）。不同的会计账簿，功能不同，其构成要素也不同，但一般应具有以下基本内容。

（一）封面

主要标明单位名称、会计账簿名称（如总分类账、库存现金日记账、银行存款日记账、各种明细分类账）、单位负责人及会计年度等。

（二）扉页

主要标明账簿的启用日期、截止日期、页数、册次、经管账簿人员一览表、会计主管人员签章、账户目录等内容。其中账户目录见表6—5。

表6—5　　　　　　　　　　　　**账户目录（科目索引）**

页数	科目	页数	科目	页数	科目

记账人员在账簿中开设账页户头后，按顺序将每个账户的名称和页数予以登记，就形成了账户目录。它便于查阅账簿中的内容。如果是活页账簿，在账簿启用时无法确定页数，可先将账户名称填写好，待年终装订归档时，再填写页数。

（三）账页

账页是账簿的主体，是会计账簿中用来记录经济业务的载体。一本账簿一般由几十到几百个账页联结而成，每个账页都有比较统一、事先印制好的格式，用来记录各项有关的经济业务。账页是一种由许多横线和竖线交织而成的表格。横线把账簿分隔成许多“行”，记账时一般都是按行次顺序记录发生的每一笔经济业务；竖线把账簿分隔成许多"栏"，每一栏记录一笔业务的某个要点（如时间、摘要、数量、金额等）。

尽管不同的账簿格式有差异，但基本上都包括下列内容：①账户名称；②日期栏；③凭证种类和编号栏；④摘要栏；⑤金额栏；⑥总页次和分户页次栏。

由于账簿所记录的经济业务不同，其结构和登记方法也各异，下面介绍有关序时账簿和分类账簿的结构与登记方法。

三、会计账簿的设置与登记

根据《中华人民共和国会计法》第十五条的规定，各单位登记会计账簿，必须以经过审核的会计凭证为依据，并符合有关法律、行政法规和国家统一的会计制度的规定。会计账簿包括总账、明细账、日记账和其他辅助性账簿。以下就这几种会计账簿的格式和登记方法做简要说明。

（一）日记账的设置与登记

日记账是根据经济业务发生时间的先后顺序，逐日逐笔进行登记的会计账簿，主要包括库存现金日记账、银行存款日记账等。为了加强对单位库存现金和银行存款的管理，手工记账的单位，库存现金日记账和银行存款日记账必须采用订本式账簿，不能用银行对账单或其他方式代替日记账。

1. 库存现金日记账

（1）库存现金日记账的设置。库存现金日记账是用来核算和监督库存现金每天的收入、支出和结存情况的账簿。库存现金日记账的格式通常是采用设有"借方"、"贷方"、"余额"三个基本栏目的三栏式账簿。在"摘要"栏和"借方"栏之间一般还设有"对方科目"栏，以便记账时标明库存现金收入的来源和库存现金支出的用途。库存现金日记账的具体格式，如表6-6所示。

表6-6　　　　　　　　　　库存现金日记账

年		凭证		摘要	对方科目	借方	贷方	余额
月	日	字	号					

（2）库存现金日记账的登记。库存现金日记账的登记方法，一般是由出纳根据审核后的库存现金收、付款凭证，按时间顺序逐日逐笔进行登记。登记时，首先要将原始凭证发生的日期，记账凭证的种类、编号，经济业务的主要内容，对方科目等逐项记入账内；其次要根据库存现金收款凭证登记"借方"栏，根据库存现金付款凭证登记"贷方"栏。对于从银行提取库存现金的业务，由于已填制银行存款付款凭证，为避免重复记账，一般不再填制库存现金收款凭证，而是根据银行存款付款凭证来登记现金收入。每日终了，应按照"上日余额＋本日收入－本日支出＝本日余额"的公式，逐日结出库存现金账面余额，并将账面余额与实有数额进行核对，以检查库存现金账实是否相符，保证库存现金的安全、完整。

2. 银行存款日记账

（1）银行存款日记账的设置。银行存款日记账是用来核算和监督银行存款每日的增加、减少和结存情况的账簿。银行存款日记账应按单位在银行开设的账户和币种分别设置，而且每个银行账户只能设置一本日记账。银行存款日记账的格式与库存现金日记账的格式基本相同，一般也采用设有"借方"、"贷方"、"余额"三个基本栏目的三栏式账簿。另外，银行存款日记账在"摘要"栏和"对方科目"栏之间，还设有"结算凭证种类和号数"栏，用来填写办理银行存款收付业务时所依据的结算凭证种类和号数，以便于和银行进行账目核对。银行存款日记账的具体格式，如表6－7所示。

表6－7　　　　　　　　　　　**银行存款日记账**

年		凭证		摘要	结算凭证		对方科目	借方	贷方	余额
月	日	字	号		种类	号数				

（2）银行存款日记账的登记。银行存款日记账的登记方法与库存现金日记账的登记方法基本相同，也是由出纳人员根据审核后的银行存款收、付款凭证，按时间顺序逐笔进行登记。需要引起注意的是：对于将库存现金存入银行的业务，由于已填制库存现金付款凭证，所以不再填制银行存款收款凭证，此

时的银行存款收入数，应根据有关库存现金付款凭证来进行登记。

3．多栏式日记账

（1）多栏式日记账的设置。库存现金日记账和银行存款日记账一般采用三栏式的账簿。为了反映每一笔收支业务的来龙去脉，以便分析和汇总对应科目的发生额，也可采用多栏式日记账。这种账簿是把收入栏和支出栏分别按对方科目设专栏进行登记，把经济业务产生的原因或结果全部反映出来。其格式如表6—8和表6—9所示。

表6—8　　　　　　库存现金（银行存款）收入日记账（多栏式）

年		收款凭证编号	摘要	贷方科目					支出合计	结余
月	日			…	…	…	…	收入合计		

表6—9　　　　　　库存现金（银行存款）支出日记账（多栏式）

年		付款凭证编号	摘要	借方科目					收入合计	结余
月	日			…	…	…	…	支出合计		

（2）多栏式日记账的登记。在根据多栏式库存现金日记账和银行存款日记账登记总账的情况下，账务处理可有两种做法：

一种是由出纳根据审核后的收、付款凭证，逐日逐笔登记库存现金和银行存款收入日记账和支出日记账，每日应将支出日记账中当日支出合计数，转记收入日记账中"支出合计"栏内，以结算当日账面结余额。会计人员应对多栏式库存现金和银行存款日记账的记录加强检查、监督，并负责于月末根据多栏式库存现金和银行存款日记账各专栏的合计数，分别登记总账的有关账户。

另外一种是设置库存现金和银行存款出纳登记簿，由出纳根据审核后的收、付款凭证逐日逐笔登记，以便掌握库存现金收付情况和同银行核对收付款项。然后将收、付款凭证交由会计人员据以逐日汇总登记多栏式库存现金和银行存款日记账，并于月末根据日记账登记总账。出纳登记簿与多栏式库存现金和银行存款日记账要相互核对。

上述第一种做法可以简化核算工作，第二种做法可以加强内部控制。总之，采用多栏式库存现金和银行存款日记账可以减少收、付款凭证的汇总编制手续，简化总账登记工作，而且可以清晰地反映账户的对应关系，了解库存现金和银行存款收付款项的来龙去脉。

（二）总分类账的设置和登记

总分类账是按照总分类账户分类登记全部经济业务的账簿。在总分类账中，应按照会计科目的编码顺序分别开设账户，由于总分类账一般都采用订本式账簿，所以事先应为每个账户预留若干账页。由于总分类账能够全面、总括地反映经济活动情况，并为编制会计报表提供资料，因而任何单位都要设置总分类账。

1. 总分类账的设置

总账中的账页是按照总账科目（一级会计科目）来开设的，其格式一般是采用设置"借方"、"贷方"、"余额"三个主要栏目的三栏式订本账。三栏式总账的具体格式，如表6—10所示。

表 6—10　　　　　　　　　　　　　　　**总分类账**

账户名称：　　　　　　　　　　　　　　　　　　　　　　　　　　第　　页

年		凭证		摘要	借方	贷方	借或贷	余额
月	日	字	号					

2. 总分类账的登记

总账的登记方法，一般取决于单位采用的账务处理程序。它既可以按经济业务发生的先后顺序直接根据各种记账凭证逐笔登记，也可以根据科目汇总表或汇总记账凭证等，分次或一次汇总登记。

（三）明细分类账的设置和登记

明细分类账是按照明细分类账户详细记录某一经济业务的账簿，明细分类账一般采用活页式账簿。明细分类账所提供的有关经济活动的详细资料，也是编制会计报表的依据。因此，各个经济单位在设置总分类账的基础上，还应该按照总分类账科目设置所属的若干必要的明细分类账。这样既能根据总分类账了解某一科目的总括情况，又能根据明细分类账进一步了解该科目的具体和详细情况。各个单位根据经营管理的需要，除库存现金、银行存款等账户外，应为各种材料物资、应收应付款项、费用、成本、收入、利润等总分类账户设置明细分类账，进行明细分类核算。

根据管理的要求和各明细分类账记录的内容的不同，明细分类账分别采用三栏式、数量金额式和多栏式三种格式。

1. 三栏式明细分类账的设置与登记

三栏式明细分类账只设有借方、贷方和余额三个金额栏，不设数量栏。它适用于只需要反映金额的经济业务，如"应收账款"、"应付账款"等不需要进行数量核算的债权债务结算账户。三栏式明细分类账的格式见表6—11。

表6—11　　　　　　　　应付账款明细账

明细科目：　　　　　　　　　　　　　　　　　　　　　　　　　第　页

年		凭证		摘要	借方	贷方	借或贷	余额
月	日	字	号					

三栏式明细分类账是由会计人员根据审核无误的记账凭证或原始凭证，按经济业务发生的时间先后顺序逐日逐笔登记的。

2. 数量金额式明细分类账的设置与登记

数量金额式明细分类账，分别设有收入、发出和结存的数量、单价和金额栏。这种格式适用于既要进行金额核算，又要进行实物数量核算的各种财产、物资账户，如"原材料"、"产成品"等账户的明细分类核算。数量金额式明细分类账的格式见表6—12。

表 6－12 　　　　　　　　　　　　　　　　**原材料明细账**

类别：　　　　　　　　　　　　　　　　　　　　　　　　　　　编号：
品名或规格：　　　　　　　　　　　　　　　　　　　　　　　储备定额：
存放地点：　　　　　　　　　　　　　　　　　　　　　　　　计量单位：

年		凭证		摘要	收入			发出			结存		
月	日	字	号		数量	单价	金额	数量	单价	金额	数量	单价	金额

　　数量金额式明细账是由会计人员根据审核无误的记账凭证或原始凭证，按经济业务发生的时间先后顺序逐日逐笔进行登记的。

　　3. 多栏式明细分类账的设置与登记

　　多栏式明细分类账是根据经济业务的特点和经营管理的需要，在一张账页内按有关明细科目或明细项目分设若干专栏，用以在同一张账页上集中反映各有关明细科目或明细项目的核算资料。按明细分类账登记的经济业务不同，多栏式明细分类账又可以分为借方多栏式、贷方多栏式和借方贷方多栏式三种格式。

　　（1）借方多栏式明细分类账的设置。借方多栏式明细分类账适用于借方需要设多个明细科目或明细项目的账户，如"材料采购"、"生产成本"、"制造费用"、"管理费用"、"财务费用"和"营业外支出"等科目的明细分类核算。借方多栏式明细分类账的格式见表 6－13。

表 6－13 　　　　　　　　　　　　　　　　**生产成本明细账**

年		凭证		摘要	借方（项目）				贷方	余额
月	日	字	号		原材料	工资	制造费用	合计		

（2）贷方多栏式明细分类账的设置。贷方多栏式明细分类账适用于贷方需要设多个明细科目或明细项目的账户，如"主营业务收入"和"营业外收入"等科目的明细分类核算。贷方多栏式明细分类账的格式见表6-14。

表6-14　　　　　　　　　　主营业务收入明细账

年		凭证		摘要	贷方（项目）				借方	余额
月	日	字	号		产品销售收入	加工收入	…	合计		

（3）借方贷方多栏式明细分类账的设置。借方贷方多栏式明细分类账适用于借方、贷方均需要设多个明细科目或明细项目的账户，如"本年利润"科目的明细分类核算。借方贷方多栏式明细分类账的格式见表6-15。

表6-15　　　　　　　　　　本年利润明细账

年		凭证		摘要	借方（项目）		贷方（项目）		借或贷	余额
月	日	字	号			合计		合计		

多栏式明细分类账是由会计人员根据审核无误的记账凭证或原始凭证进行登记的，可以逐笔登记，也可以定期汇总登记。

第三节　会计账簿的启用与记账规则

一、会计账簿的启用规则

会计账簿是重要的经济档案，账簿应由专人负责保管。为了保证账簿记录的合法性和账簿资料的真实性，明确记账责任，防止账簿资料的丢失和其他舞弊行为的发生，单位必须加强对账簿启用环节的管理。在每次启用新的账簿时，应遵守以下规定：

（1）填写"账簿启用表"，写明单位名称、账簿名称、账簿号码、账簿页码、启用日期、单位负责人签章、会计主管人员签章等。其一般格式见表6—16。

（2）填写账簿扉页上的"经管本账簿人员一览表"（活页账和卡片账一般在装订成册后填列），填明经管人员姓名、职务、接管日期、移交日期等有关事项，并签名、盖章，以示负责。其一般格式见表6—17。

（3）订本账在启用时应写明页数和编号；活页账启用时，应编制账户目录，并注明每个账户的编号、名称和分页号。为了便于查阅，也可在每一个账户所在位置的第一页，贴上写明账户名称的纸卡。

新年度开始使用新账簿时，除按规定办理启用手续外，还应把上年度各账户的"年末余额"转记到新账簿中该账户第一页的第一行，并在摘要栏中注明"年初余额"字样。

表6—16　　　　　　　　　　账簿启用表

单位名称		单位负责人	姓　名	
账簿名称			职　务	
账簿号码	第　号	会计主管人员	姓　名	
账簿页码			职　务	
启用日期	年　月　日			

表 6－17   经管本账簿人员一览表

经管人员		盖章	接管			移交			附 注
姓名	职务		年	月	日	年	月	日	

二、会计账簿的记账规则

会计人员应当根据审核无误的会计凭证登记会计账簿。登记账簿的基本要求是：

（1）登记会计账簿时，应当将会计凭证日期、编号、业务内容摘要、金额和其他有关资料逐项记入账内，做到数字准确、摘要清楚、登记及时、字迹工整。

（2）登记完毕后，要在记账凭证上签名或者盖章，并注明已经登账的符号，表示已经记账。

（3）账簿中书写的文字和数字上面要留有适当空格，不要写满格，一般应占格距的 1/2。

（4）登记账簿要用蓝黑墨水或碳素墨水书写，不得使用圆珠笔（银行的复写账簿除外）或者铅笔书写。

（5）下列情况，可以用红色墨水记账：

1）按照红字冲账的记账凭证，冲销错误记录。

2）在不设借方栏或贷方栏的多栏式账页中，登记减少数。

3）在三栏式账户的余额栏前，如未印明余额方向的，在余额栏内登记负数余额。

4）根据国家统一会计制度的规定可以用红字登记的其他会计记录。

（6）各种账簿按页次顺序连续登记，不得跳行、隔页。如果发生跳行、隔页，应当将空行、空页画线注销，或者注明"此行空白"、"此页空白"字样，并由记账人员签名或者盖章。

（7）凡需要结出余额的账户，结出余额后，应当在"借或贷"等栏内写明

"借"或者"贷"等字样。没有余额的账户，应当在"借或贷"栏内写"平"字，并在余额栏内用"0"表示。库存现金日记账和银行存款日记账必须逐日结出余额。

（8）每一账页登记完毕结转下页时，应当结出本页合计数及余额，写在本页最后一行和下页第一行有关栏内，并在摘要栏内注明"过次页"和"承前页"字样；也可以将本页合计数及金额写在下页第一行有关栏内，并在摘要栏内注明"承前页"字样。对需要结计本月发生额的账户，结计"过次页"的本页合计数应当为自本月初起至本页末止的发生额合计数；对需要结计本年累计发生额的账户，结计"过次页"的本页合计数应当为自年初起至本页末止的累计数；对既不需要结计本月发生额也不需要结计本年累计发生额的账户，可以只将每页末的余额结转次页。

三、错账的更正方法

会计人员应该尽量避免账簿记录中发生错误，但要完全避免发生错误是不可能的。账簿记录中发生的错误是多种多样的。有的凭证没有错，登账时却错了；有的由于凭证错误而导致记账错误。有的是科目记错；有的是摘要或金额记错；有的是合计错误。账簿记录中的错误一经发现后，应立即更正。账簿记录错误的更正是一件非常严肃的事情。为了明确责任，也为了防止出现舞弊行为，必须按照严格的程序和规定的方法来进行更正。由于错误发生的具体情况不同，更正的方法也不一样。一般有以下几种更正方法。

（一）画线更正法

画线更正法，就是把账簿记录中错误的文字或数字用红线画去，然后再在上面用蓝字写上正确的文字或数字，再由记账人员和会计机构负责人（会计主管人员）在更正处盖章，以示负责。这种方法就称为画线更正法，也叫红线更正法。用这种方法画线时，对于注销的数字，应全部一并画去，而不应只画去其中错误的部分；而对于文字错误，则可只画去其错误的部分。画线后，原字迹应能够清晰可辨，以便事后查考。

画线更正法适用于记账凭证没有错误，只是账簿记录有错的情况。例如：某单位会计人员把 1234.56 误写为 1243.56，应把 1243.56 用红线画去，然后在上面写上正确的 1234.56，再在更正的地方盖上会计人员和会计机构负责人（会计主管人员）的印章。

（二）红字更正法

所谓红字更正法，就是用红字编制一张记账凭证，以冲销原来错误的凭证记录，因而叫红字更正法，又叫赤字冲账法或红笔订正法。

这种方法适用于记账凭证有错误，且由于记账凭证有错误而导致账簿记录也有错误的情况。红字更正法一般可用于以下两种情况：

（1）记账凭证的会计分录做错科目，导致账簿记录中记错账户。这时，应用红字金额编制一张内容与原记账凭证完全一样的凭证，冲销原有错误记录，然后再用蓝字金额编制一张正确的记账凭证，重新登记入账。

［例 6－1］某工厂从外地购进一批原材料 1000 元，记账凭证误记为：

借：周转材料　　　　　　　　　　　　　1000
　　贷：银行存款　　　　　　　　　　　　　1000

发现这个错误后，应用红字编制一张内容一样的记账凭证，在摘要栏内注明"冲销某年某月某日某号错误凭证"字样，据以入账，以冲销原错误记录。

借：周转材料　　　　　　　　　　　 1000

　　贷：银行存款　　　　　　　　　　　 1000

然后再用蓝字编制一张正确的记账凭证，在摘要栏内注明"补记某年某月某日某号账"字样，据以入账。会计分录为：

借：原材料　　　　　　　　　　　　　 1000
　　贷：银行存款　　　　　　　　　　　　 1000

（2）记账凭证上所作会计分录中使用的会计科目，以及登账时所记的账户都没有错，但金额却记错了，并且被错记的金额大于正确的金额。这时，也可以与前例一样，用红字编制一张内容与原记账凭证完全一样的凭证，冲销原有错误记录，然后再用蓝字编制一张正确的记账凭证，重新登记入账。但这种情况由于科目完全正确，只是数字记大了，因而更正方法可以简化为：编制一张会计科目完全一样，但金额用红字填写且数字为超过正确数的差额的记账凭证，在摘要栏内注明"冲销某年某月某日某号记账凭证多记金额"字样，然后据以入账，这样就把错误的数字调整为正确的数字了。

［例 6－2］某工厂以银行存款归还购料欠款 10000 元，误作下列分录：

借：应付账款　　　　　　　　　　　100000
　　贷：银行存款　　　　　　　　　　　　100000

这张凭证已经入账。随后发现这笔分录会计科目完全正确，但金额应是 10000 元，错记为 100000 元，多记了 90000 元。发现这个错误后，应将多记的金额用红字作如下分录：

借：应付账款　　　　　　　　　　 90000

 贷：银行存款 $\boxed{90000}$

（三）补充登记法

根据记账凭证登账后，如发现会计分录其他部分没有错，只是金额错了，且所记金额少于应记金额，这种情况，就可以采用补充登记法来更正（如所记金额大于应记金额，则应用红字更正法）。补充登记法的具体做法是：按少记的金额编制一张其科目与原记账凭证一样的记账凭证，并在摘要栏内注明"补记某年某月某日某号凭证少记金额"字样，然后据以入账，这样就在账簿上补记了少记的金额，把错误记录更正了过来。

[例6—3] 某工厂从外地购进一批原材料1000元，货款未付。会计分录误记为：

 借：原材料 100
  贷：应付账款 100

这笔分录所记的科目及方向都没有错，只是1000元误记为100元。发现这个错误后，应用蓝字编制一张金额为900元的记账凭证，并在摘要栏内注明"补记某年某月某日某号凭证少记金额"字样：

 借：原材料 900
  贷：银行存款 900

然后据以入账，这样在账簿上补记了少记的金额，把错误记录更正了过来。

以上三种错账的更正方法的适用范围，如表6—18所示。

表6—18　　　　　　　**三种错账更正方法的适用范围**

记账凭证			会计账簿的错账更正方法
无错			画线更正法
记错	非金额错误		红字更正法
	金额错误	多记	红字更正法
		少记	补充登记法

四、总账与明细账的平行登记规则

（一）总账与明细账的关系

如前所述，所谓总账是指按总账科目开设的账户，它对总账科目的经济内容进行总括核算,提供总括性指标;所谓明细账是指按照明细科目开设的账户,它对总分类账的经济内容进行明细分类核算,提供具体而详细的核算资料。这就表明,总分类账和明细分类账是既有内在联系,又有区别的两类账户。

1. 总分类账户与明细分类账户的内在联系

总分类账户与明细分类账户的内在联系主要表现在以下两个方面:

(1) 二者所反映的经济业务内容相同,如"材料"总账账户与其所属的"原材料"、"辅助材料"等明细账户都是用来反映材料的收发及结存业务的。

(2) 登记账簿的原始凭证相同,登记总分类账户与登记其所属明细账户的记账凭证和原始凭证是相同的。

2. 总分类账户与明细分类账户的区别

总分类账户与明细分类账户的区别主要表现在以下两个方面:

(1) 反映经济内容的详细程度不一样。总账反映资金增减变化的总括情况,提供总括资料;明细账反映资金运动的详细情况,提供某一方面的资料。有些明细账还可以提供实物数量指标和劳动量指标。

(2) 作用不同。总账提供的经济指标是明细账资料的综合,对所属明细账起着统驭作用;明细账是对有关总账的补充,起着详细说明的作用。由此可见,二者关系密切。在设置明细分类账时,一定要考虑二者这种既有联系又有区别的特征。

(二) 总分类账与明细分类账的平行登记规则

为了使总分类账与其所属的明细分类账之间能起到统驭与补充的作用,便于账户核对,并确保核算资料的正确、完整,必须采用平行登记的方法,在总分类账及其所属的明细分类账中进行记录。所谓平行登记就是指经济业务发生后,根据会计凭证,一方面要登记有关的总分类账户,另一方面要登记该总分类账所属的各有关明细分类账户。

采用平行登记规则,应注意以下要点:

(1) 对于需要提供其详细指标的每一项经济业务,应根据审核无误后的记账凭证,一方面记入有关的总分类账户,另一方面要记入同期总分类账所属的有关明细分类账户。

这里所指的同期是在同一会计期间,而并非同一时点,因为明细账一般根据记账凭证及其所附的原始凭证于平时登记,而总分类账因会计核算组织程序不同,可能在平时登记,也可能定期登记,但登记总分类账和明细分类账必须在同一会计期间内完成。

（2）登记总分类账及其所属的明细分类账的方向应当相同。这里所指的方向，是指所体现的变动方向，而并非相同记账方向。一般情况下，总分类账及其所属的明细分类账都按借方、贷方和余额设专栏登记，如存货账户和债权债务结算账户即属于这种情况。但有些明细分类账户按组成项目设多栏记录，采用多栏式明细账格式。这种情况下，对于某些需要冲减有关组成项目额的事项，只能用红字记入其相反的记账方向，而与总分类账中的记账方向不同。如"财务费用"账户按其组成项目设置借方多栏式明细账，发生需冲减利息费用的存款利息收入时，总分类账中记入贷方，而其明细账中则以红字记入"财务费用"账户利息费用项目的借方，以其净发生额来反映利息净支出。这时，在总分类账及其所属的明细分类账中，就不可能按相同的记账方向（指借、贷方向）进行登记，而只能以相同的变动方向进行登记。

（3）记入总分类账户的金额与记入其所属的各明细分类账户的金额相等。总分类账户提供总括指标，明细分类账户提供总分类账户所记内容的具体指标，所以，记入总分类账的金额与记入其所属各明细分类账户金额相等。但这种金额相等只表明其数量关系，而不一定都是借方发生额相等和贷方发生额相等的关系。如上举"财务费用"账户的明细账，采用多栏式时，在本月既有存款利息收入，也有存款利息支出的情况下，"财务费用"总分类账户的贷方发生额与明细账的贷方发生额就不一致，但作为抵减利息支出的利息收入数额是相等的。

综上所述，总分类账户及其所属的明细分类账户，按平行登记规则进行登记，一般可以概括为：依据相同，方向一致，金额相等。但要注意对方向一致、金额相等的正确理解。

在会计核算工作中，可以利用上述关系检查账簿记录的正确性。检查时，应根据总分类账与明细分类账之间的数量关系，编制明细分类账的本期发生额和余额明细表，同其相应的总分类账户本期发生额和余额相互核对，以检查总分类账与其所属明细分类账记录的正确性。明细分类账户本期发生额和余额明细表根据不同的业务内容，可以分别采用不同的格式。

现以材料核算为例，对总分类账和明细分类账的平行登记加以说明。

[例6—4] 某企业2007年5月份"原材料"总分类账及其明细分类账如表6—19、表6—20、表6—21所示。

表 6-19   **总分类账**

会计科目：原材料   第 1 页

2007 年		凭证		摘要	借方	贷方	借或贷	余额
月	日	字	号					
5	1			月初余额			借	8545
	3	转账	1	购进	8000		借	16545
	5	转账	2	生产领用		5480	借	11065
5	31			本月发生额及余额	8000	5480		11065

表 6-20   **原材料明细分类账**

材料名称：甲材料   计量单位：公斤

2007 年		凭证号	摘要	收入			发出			结存		
月	日			数量	单价	金额	数量	单价	金额	数量	单价	金额
5	1		月初余额							25	97	2425
	3	转1	购进	50	100	5000				75	99	7425
	5	转2	生产领用				40	99	3960	35	99	3465
5	31		本月发生额及余额	50	100	5000	40	99	3960	35	99	3465

表 6-21   **原材料明细分类账**

材料名称：乙材料   计量单位：公斤

2007 年		凭证号	摘要	收入			发出			结存		
月	日			数量	单价	金额	数量	单价	金额	数量	单价	金额
5	1		月初余额							40	153	6120
	3	转1	购进	20	150	3000				60	152	9120
	5	转2	生产领用				10	152	1520	50	152	7600
5	31		本月发生额及余额	20	150	3000	10	152	1520	50	157	7600

（1）本月购入甲材料 50 公斤，每公斤单价 100 元；购入乙材料 20 公斤，每公斤单价 150 元，货款已用银行存款支付，材料已验收入库。根据这一经济业务，其验收入库的会计分录为：

借：原材料——甲　　　　　　　　　5000
　　　　　——乙　　　　　　　　　3000
　　贷：材料采购　　　　　　　　　　　　　8000

（2）本月生产产品领用：甲材料 40 公斤，每公斤单价 99 元；乙材料 10 公斤，单价 152 元。发出材料的会计分录为：

借：生产成本　　　　　　　　　　5480
　　贷：原材料——甲　　　　　　　　　3960
　　　　　——乙　　　　　　　　　1520

根据上述资料及会计分录对"原材料"总账及甲、乙材料明细账进行平行登记，如表 6-19、表 6-20、表 6-21 所示。

从表中可看出，明细账期初余额之和、本期发生额之和以及期末结存额之和与总账相应的指标是相等的，即：

期初余额：2425＋6120＝8545（元）
本期购进：5000＋3000＝8000（元）
本期发出：3960＋1520＝5480（元）
期末结存：3465＋7600＝11065（元）

由于总分类账和明细分类账是按平行登记的方法进行登记的，因此对总分类账和明细分类账登记的结果应当进行相互核对，核对通常是通过编制"总分类账户与明细分类账户发生额及余额对照表"进行的。对照表的格式和内容见表 6-22。

表 6-22　　　　**总分类账户与明细分类账户发生额及余额对照表**

账户名称	月初余额		发生额		月末余额	
	借方	贷方	借方	贷方	借方	贷方
甲材料明细账	2425		5000	3960	3465	
乙材料明细账	6120		3000	1520	7600	
材料总分类账户	8545		8000	5480	11065	

以上总账和明细账这种有机联系，是检查账簿记录是否正确的理论依据。会计人员一般在期末都要将总账和明细账进行相互核对，以便发现错账并及时加以更正，保证账簿记录准确无误。

五、会计账簿的更换与保管

各种账簿同会计凭证及会计报表一样，都是重要的经济档案，必须按照会计制度统一规定的保存年限妥善保管，不得丢失和任意销毁。保管期满后，必须按照规定的审批程序报经批准以后，再行销毁。

如前所述，会计档案的保管，既要做到安全、完整，又要保证在需要的时候能从账簿中迅速查到所需要的资料。为此，会计人员必须在年度结束后，将各种活页账簿连同"经管本账簿人员一览表"装订成册，加上封面，统一编号，与各种订本式账簿一起归档保管。

对于新的会计年度建账问题，一般来说，总账、日记账和多数明细账都应每年更换一次。但有些财产、物资明细账和债权、债务明细账，由于材料品种、规格和往来单位较多，更换新账，重抄一遍工作量较大，因此，这些明细账可以跨年度使用，不必每年更换一次。各种备查账簿也可以连续使用。对于更换的会计账簿，各单位要进行必要的整理并移交档案管理部门保管。

会计账簿与会计凭证、财务会计报告等会计档案，是记录和反映单位经济业务的重要资料和证据。各单位必须按照《会计档案管理办法》和国家统一会计制度的要求，建立严格的会计档案管理规章制度，并严格执行安全和保密制度，认真保管好各种会计档案，做到会计档案保管妥善、存放有序、查找方便。

第七章　编制报表前的准备工作

第一节　编表前准备工作的意义和内容

一、编表前准备工作的意义

任何一个持续、正常经营企业的生产经营活动都是个循环往复的过程。为了满足信息使用者了解相关信息的需要，就有必要将持续不断的生产经营过程人为地划分为会计期间。只有划清会计期间，才能按会计期间提供经营成果和财务状况等报表资料，才有可能对不同会计期间的报表资料进行比较。有了不同的会计期间，便有本期与非本期的区别。这样一来，在每一个会计期间会存在一些应属于本期的收入和费用，但是尚未在日常记录中登记入账的情况。所以，在期末结账前，要以权责发生制为原则，对本期收入和费用发生的实际情况予以调整，以便正确地反映本期的收入和费用，从而正确计算本期的损益。这项工作就是账项调整。

为了及时编报报表，以保证会计信息使用者能及时了解和掌握企业的财务状况和经营成果，可以在期末编制工作底稿，并根据工作底稿提供的资料编制报表。

为了保证账簿记录的正确和完整，应当加强会计凭证的日常审核，定期进行账证核对和账账核对。但是，账簿记录的正确性，还不能说明账簿记录的客观真实性。因为种种原因，各项财产的账面数额与实际结存数额可能发生差异，或者虽然账实相符而某些材料、物资却已毁损变质。究其原因，有的是在保管过程中发生自然损耗，有的是在收发管理中发生错收、错付，有的是由于计量、检验不准确或发生错误，有的是因管理人员的过失发生存货的毁损变质和不法分子的贪污盗窃等。此外，库存现金、银行存款等各项货币资金和各项应收、应付款的账面数额与实际数额都有发生账实不符的可能。因此，为了正确掌握各项财产、物资、债权和债务的真实情况，保证报表资料的准确、可靠，必须在账簿记录的基础上，运用财产清查这一专门方法，对各项财产、物资、债权和债务进行定期或不定期的盘点和核对。

二、编制报表前的准备工作

为了保证会计报表所提供的信息能够满足报表使用者的需要，编制报表之前，应该做好如下准备工作。

1. 期末账项调整

即按照权责发生制原则，正确地划分各个会计期间的收入、费用，为正确计算、结转本期经营成果提供有用的资料。

2. 全面清查资产、核实债务

清查资产、核实债务包括：结算款项是否存在，是否与债务、债权单位的债权、债务金额一致；各项存货的实存数与账面数是否一致，是否有报废损失和积压物资等；各项投资是否存在，是否按照国家统一会计制度进行确认、计量；各项固定资产的实存数与账面数是否一致，以及需要清查、核实的其他内容。

3. 编制工作底稿

编制工作底稿的目的是汇集编制报表所必需的资料。应该指出，编制工作底稿只是为了保证迅速地提供高质量的报表，不是一项必须进行的会计工作。如果能够及时提供准确的报表，也可以不编制工作底稿。

4. 对账

通过对账，保证账证相符、账账相符、账实相符。

5. 结账

通过结账，计算并结转各账户的本期发生额和余额。

第二节　　对账和结账

一、对账

（一）对账的定义

对账就是在有关经济业务入账以后，进行账簿记录的核对。

在日常的会计工作中，由于各种原因，难免会发生记账、计算方面的差错，从而会造成账实不符。为了保证账簿记录的正确、完整、真实，在有关经济业务登记入账之后，必须进行账簿记录的核对。

对账是为保证账证相符、账账相符和账实相符的一项检查性工作。

（二）对账的分类

对账工作分为日常核对和定期核对两种。

1. 日常核对

日常核对是指会计人员在编制会计凭证时，对原始凭证和记账凭证的审核；在登记账簿时，对账簿记录与会计凭证的核对。

2. 定期核对

定期核对是指在期末结账前，对凭证、账簿记录等进行的核对。

（三）对账的内容

1. 账证核对

账证核对是将各种账簿（总分类账、明细分类账以及库存现金和银行存款日记账等）记录与有关会计凭证（记账凭证及其所附的原始凭证）相核对。这种核对主要是在日常编制凭证和记账过程中进行。月终，如果发现账账不符，就应回过头来对账簿记录与会计凭证进行核对，以保证账证相符。会计凭证是登记账簿的依据，账证核对主要检查登账中的错误。核对时，将凭证和账簿的记录内容、数量、金额和会计科目等相互对比，保证二者相符。

2. 账账核对

账账核对是在账证核对的基础上，各种账簿之间有关指标的核对。主要包括：总分类账各账户借方期末余额合计数与贷方期末余额合计数核对相符；库存现金、银行存款日记账期末余额以及各明细分类账的期末余额合计数与有关总分类账户期末余额核对相符；会计部门各种财产、物资明细分类账期末余额与财产、物资保管和使用部门的有关财产、物资明细分类账期末余额核对相符。核对的方法是编制总分类账余额试算平衡表、总分类账与其所属明细账余额明细表等。

3. 账实核对

账实核对是在账账核对的基础上，将各种财产物资的账面余额与实存数额相核对。主要包括：库存现金日记账账面余额与库存现金实际库存数额相核对；银行存款日记账账面余额与开户银行对账单相核对；各种材料、物资明细分类账账面余额与材料、物资实存数额相核对；各种应收、应付款明细分类账账面余额与有关债务、债权单位的对账单相核对。账实核对，一般要结合财产清查进行。有关财产清查的内容、方法等，在本章第三节中专门介绍。

二、结账

(一) 结账的定义和种类

结账就是在会计期末计算并结转各账户的本期发生额和期末余额。

将各会计期间所发生的经济业务全部登记入账并对账后，就可以通过账簿记录了解经济业务的发生和完成情况。但是为了满足信息使用者的需要，还需要将各会计期间的经营情况和结果通过编制财务报表的形式传达给信息使用者。而根据会计凭证将经济业务记入账簿后，还不能直观地获得所需要的各项数据，必须通过结账的方式，把各种账簿记录结算清楚，提供所需要的各项信息资料。

由于会计分期一般实行日历制，月末进行计算，季末进行结算，年末进行决算，所以，结账工作也于各会计期末进行，分为月结、季结和年结。

(二) 结账的程序和内容

结账程序主要包括以下两个步骤：

(1) 结账前，必须将属于本期内发生的各项经济业务和应由本期受益的收入、负担的费用全部登记入账。

(2) 结账时，应结出每个账户的期末余额。

具体的方法是：

(1) 办理月结，首先，应在各账户本月份最后一笔记录下面画一通栏红线，表示本月结束；其次，在红线下结算出本月发生额和月末余额（无月末余额的，可在"余额"栏内写上"平"字或阿拉伯数字"0"），并在摘要栏内注明"×月份发生额及余额"或"本月合计"字样；最后，再在本摘要栏下面画一通栏红线，表示完成月结工作。

(2) 办理季结，首先，应在各账户本季度最后一个月的月结下面（需按月结出累计发生额的，应在"本季累计"下面）画一通栏红线，表示本季结束；其次，在红线下结算出本季发生额和季末余额，并在摘要栏内注明"第×季度发生额及余额"或"本季合计"字样；最后，再在本摘要栏下面画一通栏红线，表示完成季结工作。

(3) 办理年结，首先，应在12月份月结下面（需办理季结的，应在第4季度的季结下面，需结出本年累计发生额的，应在"本年累计"下面）画一通栏红线，表示年度终了；其次，在红线下面结算填列全年12个月份的累计月结发生额或4个季度的累计季结发生额，并在摘要栏内注明"年度发生额及余额"或"本年合计"字样，在此基础上，将年初借（贷）方余额抄列于"年度发生额"或"本年合计"下一行的借（贷）方栏内，并在摘要栏内注明"年初余额"字样，同时将年末借（贷）方余额，列在下一行的贷（借）方栏内，并在摘要栏内注明"结转下年"字样；最后加计借、贷两方合计数相等，并在合计数下画通栏双红线，表示完成年结工作。需要更换新账的，应在进行年结的同时，在新账中有关账户的第一行"摘要"栏内注明"上年结转"或"年初余额"字样，并将上年的年末余额以同方向记入新账中的余额栏内。新、旧账有关账户余额的转记事项，不编制记账凭证。

结账的具体方法见表7—1。

表7—1　　　　　　　　　　　　总　账

会计科目：原材料　　　　　　　　　　　　　　　　　　　　　第　页

××年		凭证		摘　要	借方	贷方	借或贷	余　额
月	日	字	号					
1	1	(略)	(略)	年初余额			借	8000
				(略)				
	31			1月份发生额及余额	19000	18000	借	9000
2	1			月初余额			借	9000
				(略)				
	28			2月份发生额及余额	12000	13000	借	8000
12	31			12月份发生额及余额	15000	13000	借	10000
	31			年度发生额及余额	210000	208000	借	10000
				年初余额	8000			
				结转下年		10000		
				合计	218000	218000		

注：上表中虚线表示单红线，波浪线表示省略，双线表示双红线。

若由于会计制度改变而需要在新账中改变原有账户名称及其核算内容的，可将年末余额按新会计制度的要求编制余额调整分录，或编制余额调整工作底稿，将调整后的账户余额抄入新账的有关账户余额栏内。

第三节 财产清查

一、财产清查的意义和种类

财产清查是通过实地盘点、核对、查询并确定各项财产、物资的实际结存数，并与账存数逐项核对，以保证账实相符的一种会计核算的专门方法。

会计作为一项促使人们比较得失、权衡利弊、注重经济效益的一种管理活动，需要为管理者提供大量有用的信息。在对会计信息系统质量的要求中，财务信息的真实性与可靠性是最重要的。为了进一步验证日常核算信息是否如实反映情况、是否可靠，以提高最后输出财务报表信息的可靠性，在编制财务报表前还要进行财产清查。

但是由于种种主观、客观因素，常常会出现账实不符的现象。客观因素包括财产、物资的自然损耗，如一些保质期较短的存货等；计算机或其他计量设备不能正常工作；不可抗力的发生，如自然灾害导致的非常损失等。主观因素是指由于会计人员的个人素质导致的收发错误，会计凭证和会计账簿的漏记、重记、错记，非法分子的贪污、盗窃等。

尽管复式簿记系统本身有一定的内部牵制机制，但由于以上因素的存在，必须进行财产清查，在账实相符的基础上编制财务报表。

（一）财产清查的意义

1. 可以确保财务信息的真实性、可靠性

这是进行财产清查的最基本目标。通过财产清查，可以确定各项财产、物资的实存数，查明各项财产、物资的账实是否相符，以及产生差异的原因，并及时调整账面记录，为编制财务报表做准备。

2. 健全财产、物资的管理制度，保证财产、物资的完全、完整和有效使用

尽管造成账实不符的因素很多，但最主要的是企业或单位自身的原因。一个企业或单位常常出现账实不符，这很可能是管理不善的一个重要信号。财产清查可以及时发现管理上存在的问题，从而促使企业或单位解决问题。除此之外，在财产清查中，还要查明各种财产、物资的储存和使用情况。储备不足要补足，产品积压要处理。通过对债权、债务的清查，可以及时发现不良资产，促进企业合理使用资金，加速资金周转。

3. 监督财经法规和财经纪律的执行

通过财产清查，可以检查单位对财经纪律的遵守情况，查明各种往来结算款项的结算情况，发现长期拖欠等不合理的债权、债务，促使单位及时清查债权、债务，避免坏账损失。

（二）财产清查的种类

财产清查可以按照不同的方式进行分类，主要的分类方式有以下两种。

1. 按清查对象的范围分类

财产清查按照清查对象的范围可分为全面清查和局部清查。

（1）全面清查。全面清查就是对所有权属于本单位的所有财产、物资、债权、债务进行全面盘点和核对。全面清查的对象一般包括以下内容：①所有的固定资产、各种存货、其他物资以及未完工程；②库存现金、银行存款、银行借款；③各种往来结算款项、缴拨款项等。

由于全面清查的内容多、范围广、费用高等，一般在以下几种情况下才需要进行全面清查：①年终决算之前，要进行一次全面清查；②单位撤销、合并或改变隶属关系时，要进行全面检查，以明确单位的经济责任；③开展资产评估、清理资产等活动，需要进行全面清查。

（2）局部清查。局部清查就是根据管理的需要或依据有关规定，对部分资产、债权、债务进行盘点和核对。一般情况下，对于流动性较大的存货，如材料、在产品、库存商品等，除了年度清查外，年内应轮流进行盘点或重点抽查；对于贵重物资，每月都应盘点清查一次；对于库存现金，应由出纳每日清点、核对；对于银行存款和银行借款要每月同银行至少核对一次；对于各种应收款和应付款，每年至少要同对方核对一两次等。

2. 按清查的时间分类

财产清查按照清查的时间可分为定期清查和不定期清查（临时清查）。

（1）定期清查。定期清查是指在预先安排的时间对财产、物资及债权、债务进行的清查。这种清查一般在年末、季末、月末结账时进行。定期清查的对象和范围，根据实际情况和需要，可以是全面清查，也可以是局部清查，一般是年末进行全面清查，季末、月末进行局部清查。

（2）不定期清查。不定期清查是根据实际需要所进行的临时性清查，事先并无计划安排。发生如下情况要进行不定期清查：①为了分清经济责任，在更换财产、物资和现金的保管人员时，要对有关人员所保管的财产、物资进行清查；②发生非常灾害和意外损失时，要对相关财产进行清查，以查明损失情况及责任；③企业破产、倒闭、合并、兼并或改变隶属关系时，应对企业各项财产、物资、债权、债务进行清查；④上级主管、财政、审计和银行等部门，对本单位进行会计检查时，应按照检查要求和范围对财产进行清查，以验证会计资料的可靠性。

二、财产清查的方法

（一）财产清查的一般程序

财产清查工作涉及面广、工作量大，为了保证财产清查工作有条不紊地进行，应遵守一定的程序。

1. 成立清查组织

因为财产清查工作涉及工作面广、工作量大，所以必须由专门人员具体负责财产清查工作，成立清查小组。清查小组一般由会计部门、保管部门、管理部门及使用部门等人员组成。

2. 做好清查前的准备工作

为做好财产清查工作，会计部门和有关部门应做好如下准备工作：

（1）会计部门应在财产清查进行之前，将有关账簿登记齐全，结出余额，为账实核对提供正确的账簿资料。

（2）财产、物资保管部门和使用部门应登记好其负责的各种财产、物资明细账，结出余额，并将所保管和使用的财产、物资整理好，挂上标签，标明品种、规格和结存数量，以便盘点核对。

（3）准备好各种计量器具和有关清查登记的表册，如盘存表、实存账存对比表、未达账项登记表等。

3. 实施财产清查

在做好上述工作后，应由清查人员根据清查对象的特点，依据清查目的，采用相应的清查方法，实施财产清查。在进行盘点时相关人员必须到场。如盘点财产、物资时，其保管人员必须到场；盘点库存现金时，出纳必须到场。盘点时要由盘点人员做好盘点记录；盘点结束，盘点人员应根据财产、物资的盘点记录，编制"盘存表"，并由盘点人员、保管人员及有关责任人签名、盖章。同时，应根据有关账簿资料和盘存资料填制"实存账存对比表"，据以检查账实是否相符，并根据对比结果调整账簿记录，分析差异原因，做出相应的处理。财产、物资盘存表和实存账存对比表的一般格式，如表7-2和表7-3所示。

表 7—2　　　　　　　　　　　　　　**盘存表**

单位名称　　　　　　　　　　盘点时间　　　　　　　　　　编号

财产类别　　　　　　　　　　存放地点

编号	名称	计量单位	数量	单价	金额	备注

盘点人签章　　　　　　　　　　　　　　　　　　保管人签章

表 7—3　　　　　　　　　　　**实存账存对比表**

单位名称　　　　　　　　　　　　年　　月　　日

编号	类别及名称	计量单位	单价	实存		账存		对比结果				备注
				数量	金额	数量	金额	盘盈		盘亏		
								数量	金额	数量	金额	

负责人签章　　　　　　　　　　　　　　　　　　填表人签章

在库存现金盘点结束后，直接填制"库存现金盘点报告表"，由盘点人员及有关负责人签章，并据以调整账簿记录。库存现金盘点报告表的一般格式见表 7—4。

表 7—4　　　　　　　　　　**库存现金盘点报告表**

单位名称　　　　　　　　　　　　年　　月　　日

实存金额	账存金额	对比结果		备注
		盘盈	盘亏	

负责人签章　　　　　　　　盘点人签章　　　　　　　　出纳签章

在清查银行存款时，应将银行存款日记账同银行对账单逐日核对，将一方已经入账而另一方未入账的收、付款事项填制"未达账项登记表"。对于开户行实行计算机自动查询的企业，应及时登记该表，并随时注销已经入账的"未达账项"。未达账项登记表的一般格式见表7—5。

表7—5　　　　　　　　　　　未达账项登记表

单位名称　　　　　　　　　　　年　　月　　日

未达账项种类	摘要	结算凭证种类、号数	记账凭证种类、号数	金额	备注
银行已收，单位未收 1. 2.					
合　计					
银行已付，单位未付 1. 2.					
合　计					
单位已收，银行未收 1. 2.					
合　计					
单位已付，银行未付 1. 2.					
合　计					

核对人签章　　　　　　　　　　　　　　　　　出纳签章

在清查各项债权、债务时，应通过电函、信函等方式，查询、核对各种应收、应付款项，并根据查询结果填制"结算款项核对登记表"，经过分析研究后，据以做出处理。结算款项核对登记表的一般格式见表7—6。

表 7—6　　　　　　　　　　　结算款项核对登记表

单位名称　　　　　　　　　　　　　年　　月　　日

结算性质	对方单位	应结算金额	核对金额	备　注
应收账款				
应付账款				

负责人签章　　　　　　　　　　　　　　　　　　制表人签章

（二）财产清查的一般方法

进行财产清查，先清查实存数量和金额，确定账存数量和金额，然后比较账存数量和金额与实存数量和金额，便可以查出实存数和账存数是否相符。

1. 清查财产、物资实存数的方法

对于各项财产、物资实存数的清查一般有以下两种方法：

（1）实地盘点法。实地盘点法是指对各项实物通过逐一清点或用计量器具确定其实存数量的方法。这种方法适用范围较广，大部分财产、物资均可采用这种方法，如对存货、库存现金的清查等。

（2）技术推算法。技术推算法是通过量方、计尺等技术方法来推算确定财产、物资实存数量的一种方法。对有些价值低、数量大的财产、物资，不便于逐一过数，可以在抽样盘点的基础上进行技术推算，从而确定其实存数。

2. 清查财产、物资金额的方法

在确定了清查对象的实存数后，另一个重要的步骤是确定财产、物资的金额。确定金额的一般方法有账面价值法、评估确认法、协商议价法和查询核实法等。

（1）账面价值法。账面价值法是根据财产、物资的账面价值来确定实存金额的方法。即根据各项财产、物资的实存数量乘以账面单位价值，计算出各项财产、物资的实存金额。

（2）评估确认法。评估确认法是根据资产评估的价值确定财产、物资实存金额的方法。采用这种方法，应根据资产的特点，由专门的评估机构依据资产评估方法对有关的财产、物资进行评估，以评估确认的价值作为财产、物资的实存金额。

（3）协商议价法。协商议价法是涉及资产利益的有关各方，按照互惠互利原则，参考目前市场价格，协商确定财产、物资的实存金额的方法。企业联营投资，或以资产对外投资时，一般采用这种方法。

（4）查询核实法。查询核实法是根据账簿记录，以一定的查询方式，清查财产、物资、货币资金、债权、债务数量及其价值的方法。这种方法根据查询结果进行分析，适用于债权、债务，出租、出借的财产、物资以及外埠存款的核实。

三、财产清查结果的处理

财产清查后会出现两种情况：一是实存数与账存数一致；二是实存数与账存数存在差异。对于前者即账实相符，自然不必进行账务处理。如果实存数与账存数存在差异则会出现如下情况：①盘亏，即实存数小于账存数。②盘盈，即实存数大于账存数。③毁损，即虽然实存数等于账存数，但是实存的财产、物资，由于某种原因如质量问题，而不能达到标准、不能正常使用等。通过财产清查发现的有关财产管理和会计核算上的问题，要针对具体情况进行相应的处理。

（一）财产清查结果处理的基本内容

财产清查结果处理的基本内容，主要包括以下几个方面：

（1）查明清查所发现的盘盈、盘亏的原因，确定处理方法。对于财产清查所发现的实存数与账存数的差异，应查明差异的原因，明确经济责任，并提出相应的处理意见，依据有关法令、制度规定，予以处理。

（2）认真总结经验、教训，提出改进措施，建立和健全财产管理制度。通过财产清查，应认真总结财产管理和会计核算等方面的经验，同时应结合财产清查中发现的问题，认真总结教训。在此基础上，提出改进工作的具体措施，建立、健全必要、合理的规章制度，以加强财产管理的责任制，做好会计工作，提高经营管理水平。

（3）积极处理积压存货，认真清理长期拖欠的债权、债务。对于财产清查中发现的积压物资，应分别不同情况处理，以加速资金的流转，提高资金的使用效率。债权、债务方面，应指定专人负责清查，按照结算制度的要求进行处理。

（4）调整账目，做到账实相符。对于财产清查中所发现的各种差异，企业都应当及时进行账务处理，以保证账实相符。由于财产清查中发现的盘盈、盘亏和毁损等，必须按规定的程序经批准后才能处理，所以，财产清查结果的账务处理应分两步进行：

1）根据已查明属实的财产盘盈、盘亏和毁损的数字，填制记账凭证，登记有关账簿，使各种财产、物资的账存数与实存数一致；

2）待查明原因、明确责任后，再根据审批后的处理决定文件，填制记账凭证，登记有关账簿。

（二）财产清查结果的账务处理

对于财产清查的结果，只要存在差异，不论是盘盈、盘亏还是毁损，都要进行账务处理，调整实存数与账存数以使二者相等。盘盈时，调增账存数，使其与实存数一致；盘亏或毁损时，调减账存数，使其与实存数一致。

1. 账户设置

为了便于对财产清查进行账务处理，需要设置"待处理财产损溢"账户。该账户的借方用来登记发生的待处理财产盘亏和毁损的金额，待盘亏、毁损的原因查明并经审批后，再从该账户的贷方转入有关账户的借方；该账户的贷方用来登记发生的待处理财产盘盈的金额，待查明盘盈的原因并经审批后，再从该账户的借方转入有关账户的贷方。"待处理财产损溢"账户的结构见图7—1。

借方	待处理财产损溢	贷方
发生额：发生的待处理财产盘亏或毁损，批准转销的待处理财产盘盈数		发生额：发生的待处理财产盘盈数，批准转销的待处理财产盘亏数
结余数：尚未批准处理的盘亏和毁损数与盘盈数的差额		结余数：尚未批准处理的盘盈数与盘亏和毁损数的差额

图 7—1　"待处理财产损溢"账户

"待处理财产损溢"账户一般下设"待处理流动资产损溢"和"待处理固定资产损溢"两个明细分类账，分别对流动资产和固定资产进行核算。

2. 财产清查结果的账务处理

由于财产清查的对象不同，清查结果的账务处理也不一样。下面我们重点介绍一下存货清查结果的账务处理、固定资产清查结果的账务处理、货币资金清查结果的账务处理等。

（1）存货清查结果的账务处理。对于存货的账实不符，应根据不同的情况做出不同的处理。通常的处理方法是：①定额内的盘亏应增加费用；②责任事故造成的损失，应由过失人负责赔偿；③非常事故，如自然灾害等不可抗力因素导致的非常损失，在扣除保险公司赔款和残料价值后，经批准作为营业外支出等。如果发生盘盈，则一般冲减管理费用。

［例7—1］根据"实存账存对比表"，企业盘亏原材料6000元，其会计分

录如下：

借：待处理财产损溢——待处理流动资产损溢　6000

贷：原材料　　　　　　　　　　　　　　6000

经查明，原因如下：

1）定额内损耗为 400 元。

2）管理过失造成的损失为 1500 元。

3）非常事故造成的损失为 4100 元，其中保险公司同意赔款 3500 元，残料作价 100 元。在有关部门核准后，根据编制的记账凭证，结转"待处理财产损溢"，其会计分录如下：

借：管理费用　　　　　　　　　　　　400

其他应收款——某管理员　　　　　1500

　　　　　——保险公司　　　　　3500

原材料　　　　　　　　　　　　　100

营业外支出　　　　　　　　　　　500

贷：待处理财产损溢——待处理流动资产损溢　6000

[例 7－2] 根据"实存账存对比表"，企业盘盈原材料 800 元，其会计分录如下：

借：原材料　　　　　　　　　　　　　800

贷：待处理财产损溢——待处理流动资产损溢　800

经查明，盘盈的原因是由于计量差错所导致的。在有关部门核实后，编制记账凭证，结转"待处理财产损溢"，其会计分录如下：

借：待处理财产损溢——待处理流动资产损溢　800

贷：管理费用　　　　　　　　　　　　800

（2）固定资产清查结果的账务处理。对于固定资产应根据不同的情况做出不同的处理，一般的处理方法是：由于自然灾害所导致的固定资产损失净额，在扣除保险公司赔偿款和残值收入后，经批准应作为营业外支出；由于责任人事故所导致的固定资产毁损，应由责任人赔偿；对于盘盈的固定资产，一般作为营业外收入处理。

[例 7－3] 根据"固定资产盘盈、盘亏报告表"，企业盘盈机器设备一台，市价为 100000 元，按其新旧程度估计已计提折旧 20000 元，净值为 80000 元。会计分录如下：

借：固定资产　　　　　　　　　　　　80000

贷：待处理财产损溢——待处理固定资产损溢　80000

　　经查明，盘盈原因是接受捐赠的设备未及时入账所致，经有关部门核准后编制记账凭证，会计分录如下：

借：待处理财产损溢——待处理固定资产损溢　80000

　　贷：营业外收入　　　　　　　　　　　　　　　80000

　　（3）货币资金清查结果的账务处理。货币资金一般包括库存现金、银行存款和其他货币资金。这里主要介绍库存现金和银行存款的清查。

　　1）库存现金的清查。库存现金的清查是通过实地盘点的方法确定库存现金的实存数，再与现金日记账的账面金额核对，以便确定盈亏情况。库存现金的盘点应由盘点人员和出纳共同负责。在盘点前，出纳应将库存现金收、付款凭证全部登记入账，结出余额；盘点时出纳必须在场，库存现金应逐一点清。盘点时，除查明账实是否相符外，还要查明有无违反现金管理制度的规定，如以白条抵现金，现金有无超出银行规定的限额，有无坐支行为等。盘点结束后应根据盘点结果填制"库存现金盘点报告表"，并由盘点人员和出纳签名、盖章。库存现金盘点报告表的格式如表7—7所示。

表7—7　　　　　　　　　　　库存现金盘点报告表

单位名称：　　　　　　　　　　　　年　　　月　　　日

币种	实存金额	账存金额	对比结果		备注
			盘盈	盘亏	

盘点人签章　　　　　　　　　　　　　　　　　　　　　　　出纳签章

　　2）银行存款的清查。银行存款的清查是采用与其开户行核对账目的方法进行的。首先，企业应检查本单位银行存款日记账的准确性和完整性。其次，与其开户行逐一核对。尽管银行对账单与企业银行存款日记账所记录的内容完全相同，但是，银行对账单上的存款金额和企业银行存款日记账上的存款金额仍有可能出现差异。除企业和银行中的一方或双方记账错误外，还有一个重要的因素，即未达账项。所谓未达账项，是指在开户行和企业之间，对于同一经济业务由于凭证传递的时间和记账时间不同，发生一方已经入账而另一方未入账的会计事项。未达账项有以下四种情况：

①企业送存银行的款项，企业已记账，作为银行存款的增加，但银行尚未入账。

②企业已开出支票从银行存款中付出款项，企业已经记账，作为银行存款的减项，但银行尚未入账。

③银行代企业收进的款项，银行已经记账，作为企业存款的增加，但企业尚未收到通知，所以尚未入账。

④银行代企业支付的款项，银行已经记账，作为企业存款的减少，但企业尚未收到通知，所以尚未入账。

无论发生上述哪种情况都会出现未达账项，都有可能导致开户行和企业账面金额不同。故在核对双方账目时，必须注意有无未达账项。把双方账目上都有的记录排除掉，挑出有可能是未达账项的记录，并根据未达账项编制银行存款余额调节表，以检查银行存款日记账的正确性。

下面简要介绍银行存款余额调节表的编制方法。银行存款余额调节表编制方法一般有两种：一种是余额调节法；另一种是差额调节法。

余额调节法是指编制调节表时在开户行和企业现有银行存款余额基础上，各自补记对方已入账而自己未入账的款项，然后检查经过调节后的账面价值是否相等。用公式表示如下：

$$\frac{企业银行存款}{日记账余额} + \frac{银行已收企}{业未收账项} - \frac{银行已付企}{业未付账项}$$

$$= \frac{银行对账}{单余额} + \frac{企业已收银}{行未收账项} - \frac{企业已付银}{行未付账项}$$

［例7—4］某企业接到其开户行银行对账单，银行对账单余额为542751元，企业银行存款日记账余额为492147元。经核对找出如下未达账项：

①企业已收入账，银行尚未入账：企业将销售收入的支票送交开户行，金额为12000元。

②企业已付入账，银行尚未入账：企业因购买原材料、支付工资签发支票，其金额分别为：23580元、21372元、11952元。

③银行已收入账，企业尚未入账：银行代企业收到一笔应收款6000元。

④银行已付入账，企业尚未入账：银行收取企业办理结算的手续费和电报费，金额分别为75元、225元。

根据上述资料采用余额调节法编制调节表，如表7—8所示。

表 7—8　　　　　　　　　　**银行存款余额调节表**

账号　　　　　　　　　　　年　　月　　日　　　　　　　　　　单位：元

项　目	金额	项　目	金额
企业银行存款日记账余额	492147	银行对账单余额	542751
加：银行已收入账，企业尚未入账	6000	加：企业已收入账，银行尚未入账	12000
减：银行已付入账，企业尚未入账	75	减：企业已付入账，银行尚未入账	23580
	225		21372
			11952
调节后余额	497847	调节后余额	497847

差额调节法是根据未达账项对双方账面余额的影响数额进行调节。公式如下：

企业银行存款 ＿ 银行对账 ＿ 银行未达账项 ＿ 企业未达账项
日记账余额 　 单余额 　 影响的差额 　 影响的差额

仍以上述资料为例，采用差额调节法编制调节表，如表 7—9 所示。

表 7—9　　　　　　　　　　**银行存款余额调节表**

账号　　　　　　　　　　　年　　月　　日　　　　　　　　　　单位：元

项　目	金额	项　目	金额
双方现有余额：		未达账项影响的差额：	
银行对账单余额	542751	银行已收入账，企业尚未入账	＋6000
企业银行存款日记账余额	492147		
		银行已付入账，企业尚未入账	－75
			－225
		企业未达账项影响的差额	＋5700
		企业已收入账，银行尚未入账	＋12000
		企业已付入账，银行尚未入账	－23580
			－21372
			－11952
		银行未达账项影响的差额	－44904
双方余额差额	50604	未达账项影响的差额	50604

　　需要注意的是，编制银行存款余额调节表的目的，只是为了检查账簿记录的正确性，并不是要更改账簿记录，对于银行已经入账而本单位尚未入账的业务和本单位已经入账而银行尚未入账的业务，均不做账务处理，待以后业务凭证到达后，再做账务处理。对于长期搁置的未达账项，应及时查阅凭证和有关资料，及时和银行联系，查明原因，予以解决。

第八章　财务报告

第一节　财务报告概述

一、财务报告的概念和作用

财务报告是企业对外提供的某一特定日期的财务状况和某一会计期间的经营成果及现金流量情况的书面文件。财务报告是会计核算工作的结果，也是会计核算工作的总结。

在日常的会计核算中，企业通过记账、算账工作，把各项经济业务分类登记在会计账簿中。在账簿中记录的会计信息，虽然比会计凭证反映的信息更加条理化、系统化，但就某一会计期间的经营活动的整体情况而言，其所能提供的仍然是分散的、部分的会计信息，因而不能集中地揭示和反映该会计期间经营活动和财务收支的全貌。为了进一步发挥会计的职能和作用，必须对日常核算的资料进行整理、分类、计算和汇总，编制成相应的财务报告，为有关方面提供总括性的信息。

编制财务报告的目的是向报告的使用者提供其在经济决策中有用的信息。财务报告的不同使用者对企业提供的信息有不同的要求：投资者主要了解经营前景和获利方面的信息；债权人主要了解资金的运用情况和偿债能力方面的信息；企业的管理当局主要了解企业的财务状况、经营成果和财务计划完成情况的信息；财税部门主要了解企业利税的完成情况及上缴情况的信息。财务报告显然不能面面俱到，只能是为大多数使用者提供其所能理解的、满足其共同需要的通用财务报告。

财务报告分为年度、半年度、季度和月度财务报告。月度、季度财务会计报告是指月度和季度终了提供的财务会计报告；半年度财务会计报告是指在每个会计年度的前 6 个月结束后对外提供的财务会计报告；年度财务会计报告是指年度终了对外提供的财务会计报告。半年度、季度和月度财务会计报告统称为中期财务会计报告。

二、财务报告的构成

企业的财务报告由对外报送的财务报表和财务情况说明书组成（不要求编制和提供财务情况说明书的企业除外）。

（一）对外报送的财务报表

对外报送的财务报表包括资产负债表、利润表、现金流量表、所有者权益变动表和附表。

（二）财务情况说明书

财务情况说明书是为了更好地评价企业的财务状况和经营成果所提供的书面资料，主要内容包括：企业的生产经营状况；利润实现和分配状况，资金增减和周转情况；因企业兼并其他企业或多元化经营使企业规模或经营范围变动对企业财务状况的影响；会计变更（包括会计方法变更、会计估计变更）的情况、原因及其对企业财务状况的影响；资产负债表日至财务报告批准报出日之间发生的对企业财务状况有重大影响的事项；为便于正确理解财务报告需要说明的其他事项，如对长期投资应分别列示其年末余额，说明其投资性质、获利情况和投资合同中的重要规定，等等。

三、财务报告的编制要求

为了使报表阅读者能够清楚地了解到企业的财务状况、经营成果和现金流量的变动情况，企业编制的财务报告应当符合下列要求：

（1）编制财务报告时，在会计计量和填报方法上应当保持前后一致，不能随意变动，以便增强各会计期间报表的可比性。

如固定资产折旧方法、存货计价方法、成本和费用的归集分配方法等必须前后期保持一致。当情况发生变化使得会计方法变更成为合理和必要时，可以变更会计方法，但应该在报表附注中说明变更的原因和变更后对相关项目的影响程度。

（2）编制财务报告时，要求及时、客观，以保证会计信息的相关性和可靠性，以便准确、有效地满足使用者获得有用信息以进行决策的需要。

在社会主义市场经济体制下，信息瞬息万变，会计信息能否对决策有用，取决于会计信息的两种质量：相关性和可靠性。相关性包含及时性，可靠性包含如实反映和内容完整。相关性越大、可靠性越高，对决策越有用。会计信息如果不适当地拖延，就会失去其效用。所以，财务报告必须按照规定的期限、程序及时编制、及时报送。为此，会计部门应当合理地组织日常的会计核算工作；同时，应该注意加强会计部门与企业内部其他相关部门的协作，使日常核算工作均衡、有序地进行，以保证财务报告及时报送。通常，月份财务报告应于月份终了后的 6 天内报出；季度财务报告应于季度终了后的 15 天内报出；半年度财务报告应于年度中期结束后 60 天内报出；年度财务报告应于年度终了后的 4 个月内报出。

（3）编制财务报告时，要求能够将企业的财务状况和经营成果全面反映，使报表使用者不致产生误解和偏见。

企业应该按照规定的报表种类、格式和项目来编报，不得漏编和漏报报表；按照制度规定要求填报的指标和项目，也不得漏填、漏列，更不能任意取舍。对企业的某些重要资料，如果报表的规定项目空间容纳不下，可以在相关项目中用括号注明，或利用附表、附注或其他形式加以说明，如企业采用的主要会计处理方法、非经常性项目的说明、财务报告中有关重要项目的明细资料等，以便于报表使用者理解和利用。

第二节 资产负债表的编制

一、资产负债表的概念

资产负债表是反映企业某一特定日期（月末、季末、年末）财务状况的报表，即反映企业特定日期全部资产、负债和所有者权益的财务报表。

资产负债表是财务报表分析的主要信息来源，是进行各项经济活动分析的基础，它对于一切会计信息使用者都具有十分重要的意义。通过报表分析，会计信息使用者可以了解企业拥有和控制的经济资源以及这些资源的分布和结构，评价企业的偿债能力和筹资能力，分析企业财务结构的好坏和负债经营的合理性，预测企业未来财务状况的变动趋势。

二、资产负债表的结构

资产负债表由表头和表体组成。表头部分列示报表的名称、编制单位、编制日期和货币计量单位等内容。资产负债表的表体根据"资产＝负债＋所有者权益"的基本公式，按照一定的标准和次序，把企业某一时日的资产、负债和所有者权益各要素按流动性进行分类。其格式有账户式和报告式两种，我国《企业会计制度》规定的资产负债表格式是账户式，如表8－1所示。

表 8－1　　　　　　　　　　　资产负债表　　　　　　　　　　　会企 01 表

编制单位：　　　　　　　　　年　　月　　日　　　　　　　　　　单位：元

资　产	期末余额	年初余额	负债和所有者权益（或股东权益）	期末余额	年初余额
流动资产：			流动负债：		
货币资金			短期借款		
交易性金融资产			交易性金融负债		
应收票据			应付票据		
应收账款			应付账款		
预付账款			预收账款		
应收利息			应付职工薪酬		
应收股利			应交税费		
其他应收款			应付利息		
存货			应付股利		
一年内到期的非流动资产			其他应付款		
其他流动资产			一年内到期的非流动负债		
流动资产合计			其他流动负债		
非流动资产：			流动负债合计		
可供出售金融资产			非流动负债：		
持有至到期投资			长期借款		
长期应收款			应付债券		
长期股权投资			长期应付款		
投资性房地产			专项应付款		
固定资产			预计负债		
在建工程			递延所得税负债		
工程物资			其他非流动负债		

资　产	期末余额	年初余额	负债和所有者权益（或股东权益）	期末余额	年初余额
固定资产清理			非流动负债合计		
生产性生物资产			负债合计		
油气资产			所有者权益（或股东权益）：		
无形资产			实收资本（股本）		
开发支出			资本公积		
商誉			减：库存股		
长期待摊费用			盈余公积		
递延所得税资产			未分配利润		
其他非流动资产			所有者权益(或股东权益)合计		
非流动资产合计					
资产总计			负债和所有者权益（或股东权益）总计		

账户式资产负债表采用左右对称结构：左方为资产，是企业从事生产经营活动的经济资源；右方为权益，代表企业经济资源的所有权归属，包括债权人权益（负债）和所有者权益。由于全部资产的所有权总是属于投资人和债权人的，所以，资产负债表左方的总计和右方的总计始终保持平衡关系，即"资产总额＝负债总额＋所有者权益总额"。

资产负债表项目一般按照资产、负债流动性由大到小的次序排列。左方资产项目按照各项资产的流动性的大小或变现能力的强弱来排列。流动性越大、变现能力越强的资产项目越往前排；流动性越小、变现能力越弱的资产项目越往后排。流动性强的资产变现能力越强，从而面临的市场风险越小；反之，流动性越弱的资产变现能力越弱，从而面临的市场风险也越大。右方的权益项目包括负债和所有者权益两项，它们是按照权益的顺序排列的。由于企业的资产首先要用来偿还债务，所以负债是第一顺序的权益，具有优先清偿的特征，列于所有者权益之前；而所有者权益属于剩余权益，列于负债之后。负债内部各个项目依其偿还顺序，即按照偿还期由近至远的顺序排列，偿还期越近的流动负债项目越往前排，偿还期越远的长期负债项目越往后排。偿还时间越短，面临的偿债风险越大。所有者权益内部各个项目按照稳定性程度或永久性程度排列。稳定性程度好、永久性程度高的实收资本和资本公积排在前面，稳定性程度差、永久性程度低的盈余公积和未分配利润排在后面。

左方资产项目按照变现能力从大到小的顺序排列，右方负债项目按偿债期限由近到远的顺序排列，将左、右双方对比，会计信息使用者就能分析企业偿债能力的强弱。

三、资产负债表的编制方法

资产负债表中"年初数"栏内的各项数字，应根据上年末资产负债表"期末数"栏内所列数字填列。如果本年度资产负债表规定的各个项目的名称和内容同上年度不一致，应将上年年末资产负债表各个项目的名称和数字按照本年度的规定进行调整，然后填入本年度资产负债表"年初数"栏内。

资产负债表中"期末数"栏内的各项数字，应根据会计账簿记录填列。大多数报表项目可以直接根据账户余额填列，少数报表项目则要根据总账或明细账账户余额分析计算填列。具体的填列规则和方法可归纳为以下几种。

（一）根据某一总分类账户的期末余额填列

（1）报表指标名称与总分类账户名称相同。例如，报表中资产类的"应收票据"、"应收股利"、"应收利息"、"在建工程"、"工程物资"、"固定资产清理"、"交易性金融资产"、"可供出售金融资产"、"开发支出"、"商誉"、"递延所得税资产"等项目，负债类的"短期借款"、"交易性金融负债"、"应付职工薪酬"、"应交税费"、"应付利息"、"应付股利"、"预计负债"、"专项应付款"、"递延所得税负债"等项目，所有者权益类的"实收资本"、"资本公积"、"盈余公积"等项目，均可根据相应总账账户的期末余额直接填列。

（2）报表指标名称与总分类账户名称不同。如"固定资产原价"项目，可根据"固定资产"账户期末余额直接填列。

（二）根据若干个总分类账户的期末余额汇总填列

根据外部报表使用者的需要，对于某些属性相同的要素可提供汇总资料，因而，一些报表项目需要根据若干个总分类账户的期末余额汇总填列。若这些账户的余额方向相同，填报时只要将这几个账户的期末余额相加即可；若这些账户的余额方向不同，则填报时应将这些账户的期末余额相抵后填列。属于这种类型的报表项目主要有：

（1）"货币资金"项目，应根据"库存现金"、"银行存款"、"其他货币资金"等账户的期末余额合计填列。

（2）"存货"项目，应根据"材料采购"、"在途物资"、"原材料"、"周转材料"、"材料成本差异"、"库存商品"、"发出商品"、"商品进销差价"、"委托加工物资"、"生产成本"等账户的期末余额合计数，减去"存货跌价准备"账户期末余额后的差额填列。"代理业务资产"减去"代理业务负债"后的余额，也在"存货"项目反映。

（3）"未分配利润"项目，应根据"本年利润"和"利润分配"账户的期末余额计算填列。

（4）各项资产减值准备均应在相关资产项目中抵减。例如："应收票据"、"应收账款"、"预付账款"、"其他应收款"、"长期应收款"和"坏账准备"，"存货"和"存货跌价准备"，"持有至到期投资"和"持有至到期投资减值准备"，"长期股权投资"和"长期股权投资减值准备"，"固定资产"和"固定资产减值准备"，"无形资产"和"无形资产减值准备"等。

（三）根据有关明细分类账户的期末余额分析填列

1. 以准确划分"流动"和"非流动"为目的

资产负债表中的资产项目分为"流动资产"和"非流动资产"两大类，负债项目分为"流动负债"和"非流动负债"两大类。随着时间的推移，原先属于长期资产的经济资源会转变为流动资产，而原先的长期负债也因为偿还期小于一年而转化为流动负债。需要分析填列的报表项目有：①"长期应收款"中将于一年内到期的部分，在"一年内到期的非流动资产"项目填列。②"长期应付款"和"长期借款"中将于一年内到期的部分，在"一年内到期的非流动负债"项目填列。③"长期待摊费用"账户中将于一年内到期的部分，应填列到"一年内到期的非流动资产"项目中。

2. 以准确计量资产和负债为目的

借贷记账法允许设置双重性质账户，"应收账款"、"应付账款"等账户的真正属性要根据各明细账户的余额方向来确定。往来明细账户中，凡是期末余额在借方的为资产，凡是期末余额在贷方的为负债。为了准确反映企业在会计期末资产和负债的真实情况，下列报表项目应根据有关明细分类账户的期末余额分析填列：

（1）"应收账款"项目和"预收账款"项目。"应收账款"和"预收账款"明细分类账户中期末余额在借方的应填列到"应收账款"项目，期末余额在贷方的在"预收账款"填列。

（2）"应付账款"项目和"预付账款"项目。"应付账款"和"预付账款"明细分类账户中期末余额在借方的应填列到"预付账款"项目，期末余额在贷方的在"应付账款"填列。

(3)"衍生工具"、"套期工具"、"被套期项目"等账户期末余额如在借方，应在"其他流动资产"项目填列，期末余额如在贷方，则在"其他流动负债"项目填列。

(四）根据表内项目钩稽关系计算填列

在上述三类项目填列完毕后，其余项目只要根据表中相关项目的钩稽关系计算填列即可。例如，"流动资产合计"、"非流动资产合计"、"流动负债合计"、"非流动负债合计"等各合计数根据类内各项目汇总填列。"资产总计"和"负债和所有者权益总计"分别根据左方和右方各合计数汇总填列。

另外，资产负债表中资产项目的金额大多是根据资产类账户的借方余额填列的，如果出现贷方余额，则以"一"号表示，例如，固定资产清理发生的净损失，以"一"号填列。负债项目的金额大多是根据负债类账户的贷方余额填列的，如果出现借方余额，也以"一"号表示，例如"应付职工薪酬"、"应交税费"等期末转为债权的，以"一"号填列。期末累计未分配利润、资本公积为负数的，以"一"号填列。

四、资产负债表的编制实例

东源公司 2007 年 1 月 31 日总账账户期末余额资料如表 8—2 所示。

表 8—2　　　　　　　　　总账账户期末余额表　　　　　　　　单位：元

账户名称	方向	金额	账户名称	方向	金额
库存现金	借	3900	累计折旧	贷	1588500
银行存款	借	1142600	无形资产	借	116000
其他货币资金	借	520000	累计摊销	贷	12000
交易性金融资产	借	150000	长期待摊费用	借	54600
应收票据	借	295800	短期借款	贷	1360000
应收账款	借	546700	应付票据	贷	100000
预付账款	借	68200	应付账款	贷	328000
其他应收款	借	231800	预收账款	贷	153000
坏账准备	贷	24700	应付职工薪酬	贷	31500
在途物资	借	85000	应交税费	贷	59700
周转材料	借	70000	其他应付款	贷	58700

续表

账户名称	方向	金额	账户名称	方向	金额
原材料	借	302000	预计负债	贷	5000
委托加工物资	借	15000	长期借款	贷	200000
库存商品	借	1420000	实收资本	贷	3000000
存货跌价准备	贷	29000	资本公积	贷	1260000
持有至到期投资	借	30000	盈余公积	贷	740000
长期股权投资	借	750000	本年利润	贷	128000
长期股权投资减值准备	贷	8000	利润分配	贷	350000
固定资产	借	3634500			

有关明细资料如下：

（1）"应收账款"明细分类账中，甲公司的期末余额为贷方90000元。

（2）"预付账款"明细分类账中，乙公司的期末余额为贷方78000元。

（3）"长期待摊费用"账户中，将于12个月内摊销的费用有18200元。

（4）"应付账款"明细分类账中，丙公司的期末余额为借方90000元。

（5）"预收账款"明细分类账中，丁公司的期末余额为借方20000元。

根据东源公司2007年1月31日的总账及有关明细账，分析归纳如下：

（1）将"库存现金"、"银行存款"和"其他货币资金"账户余额相加得1666500（3900+1142600+520000）元。

（2）将"坏账准备"24700元从"应收账款"减去，将"应收账款"贷方余额90000元转入"预收账款"贷方，将"预收账款"借方余额20000元转入"应收账款"借方，则资产负债表的"应收账款"为632000（546700-24700+90000+20000）元，"预收账款"为263000（153000+90000+20000）元。

（3）将"预付账款"贷方余额78000元从借方转入"应付账款"，将"应付账款"借方余额90000元从贷方转入"预付账款"，则资产负债表的"预付账款"为236200（68200+78000+90000）元，"应付账款"为496000（328000+78000+90000）元。

（4）将"在途物资"、"原材料"、"周转材料"、"委托加工物资"、"库存商品"账户余额之和减"存货跌价准备"，得出"存货"为1863000（85000+302000+70000+15000+1420000-29000）元。

（5）将"长期待摊费用"减去将于12个月内摊销的费用，得"长期待摊费用"为 36400（54600－18200）元。

　　根据表 8－2 资料和以上资料及分析归纳，编制东源公司资产负债表，如表 8－3 所示。

表 8－3			资产负债表		
编制单位：东源公司			2007 年 1 月 31 日		会企 01 表 单位：元
资产	期末余额	年初余额	负债和所有者权益（或股东权益）	期末余额	年初余额
流动资产：		（略）	流动负债：		（略）
货币资金	1666500		短期借款	1360000	
交易性金融资产	150000		交易性金融负债		
应收票据	295800		应付票据	100000	
应收账款	632000		应付账款	496000	
预付账款	236200		预收账款	263000	
应收利息			应付职工薪酬	31500	
应收股利			应交税费	59700	
其他应收款	231800		应付利息		
存货	1863000		应付股利		
一年内到期的非流动资产	18200		其他应付款	58700	
其他流动资产			一年内到期的非流动负债		
流动资产合计	5093500		其他流动负债		
非流动资产：			流动负债合计	2368900	
可供出售金融资产			非流动负债：		
持有至到期投资	30000		长期借款	200000	
长期应收款			应付债券		
长期股权投资	742000		长期应付款		
投资性房地产			专项应付款		
固定资产	2046000		预计负债	5000	
在建工程			递延所得税负债		
工程物资			其他非流动负债		
固定资产清理			非流动负债合计	205000	

续表

资产	期末余额	年初余额	负债和所有者权益（或股东权益）	期末余额	年初余额
生产性生物资产			负债合计	2573900	
油气资产			所有者权益（或股东权益）：		
无形资产	104000		实收资本（股本）	3000000	
开发支出			资本公积	1260000	
商誉			减：库存股		
长期待摊费用	36400		盈余公积	740000	
递延所得税资产			未分配利润	478000	
其他非流动资产			所有者权益（或股东权益）合计	5478000	
非流动资产合计	2958400				
资产总计	8051900		负债和所有者权益（或股东权益）总计	8051900	

第三节　利润表的编制

一、利润表的概念

利润表是反映企业在一定会计期间（月度、季度、年度）经营成果的会计报表。它根据"收入－费用＝利润"这一平衡公式设计，按照一定的格式，把企业在一定会计期间内的各项收入、费用和利润项目予以适当排列编制而成，是一种动态的会计报表。

通过阅读、分析利润表，会计报表使用者可以全面了解企业的经营业绩，衡量企业的盈利能力。其作用主要有以下几方面：

（1）通过利润表提供的反映企业经营成果的数据，并与不同时期利润表数据进行比较，可以分析企业的获利能力和偿债能力，预测未来的收益水平，分析企业今后利润的发展趋势，便于投资者、债权人进行投资决策和信贷决策。

（2）利润表提供的信息是考核和评价企业管理人员经营业绩和管理水平的一个重要依据。

（3）利润表提供的利润数据是税收部门课征所得税的依据。

（4）利润表常被用做计算国民收入的主要资料来源。

二、利润表的结构

利润表的结构有单步式和多步式两种。单步式利润表是将本期所有收入及相关费用分别加总，然后将收入总额减费用总额直接计算求出利润总额。多步式也称逐步报告式利润表。这种格式的利润表按照企业利润的构成内容，分层次、分步骤地逐步、逐项计算编制。按构成要素，利润计算可分为三个步骤：第一步，从营业收入出发，减去营业成本、营业税金及附加、销售费用、管理费用、财务费用、资产减值损失，加上公允价值变动收益、投资收益，计算得出营业利润；第二步，以营业利润为基础，加上营业外收入，减去营业外支出，计算得出利润总额；第三步，以利润总额为基础，减去所得税费用，计算得出净利润。

多步式利润表便于了解企业利润构成及各项目盈利能力，评价企业各部门的业绩。

我国《企业会计制度》规定的利润表格式是多步式，如表8—4所示。

表8—4   **利润表**   会企02表

编制单位：   ___年___月   单位：元

项　目	本期金额	上期金额
一、营业收入		
减：营业成本		
营业税金及附加		
销售费用		
管理费用		
财务费用		
资产减值损失		
加：公允价值变动收益（损失以"—"号填列）		
投资收益（损失以"—"号填列）		
其中：对联营企业和合营企业的投资收益		
二、营业利润（亏损以"—"号填列）		

续表

项　目	本期金额	上期金额
加：营业外收入		
减：营业外支出		
其中：非流动资产处置损失		
三、利润总额（亏损总额以"－"号填列）		
减：所得税费用		
四、净利润（净亏损以"－"号填列）		
五、每股收益：		
（一）基本每股收益		
（二）稀释每股收益		

三、利润表的编制原理

利润表中"上期金额"栏内各项数字，应根据上期利润表"本期金额"栏内所列数字填列。利润表中的"本期金额"栏反映各项目的本期实际发生数，主要根据损益类账户的发生额分析填列。采用"账结法"计算利润的情况下，很多损益类账户结转到"本年利润"账户的数额就是当期利润表上相应项目应填报的数额，如"营业税金及附加"、"销售费用"、"管理费用"、"财务费用"、"投资收益"、"营业外收入"、"营业外支出"、"所得税费用"等项目。"基本每股收益"和"稀释每股收益"，应当根据计算的金额填列。

上述项目填列完毕后，其余项目可根据表内各项目的衔接关系计算填列。利润表实质上是利润计算公式的表格化，表内各项目之间的关系可用下列公式表示：

营业利润＝营业收入－营业成本－营业税金及附加－销售费用
　　　　　－管理费用－财务费用＋公允价值变动收益＋投资收益

利润总额＝营业利润＋营业外收入－营业外支出

净利润＝利润总额－所得税费用

在编制年度报表时，应将"上期金额"栏改为"上年金额"栏，填列上年全年累计实际发生额。如果上年度利润表规定的各个项目的名称和内容同本年度不相一致，应将上年度利润表各项目的名称和数字按本年度的规定进行调整，填入"上年金额"栏内。

第四节 现金流量表的编制

一、现金流量表的概念

现金流量表是反映企业在一定会计期间现金和现金等价物流入和流出的会计报表。现金，指企业库存现金、银行存款、其他货币资金和现金等价物。现金等价物，指企业持有的期限短、流动性强、易于转换为已知金额现金、价值变动风险很小的投资。编制现金流量表的目的，是为会计报表使用者提供企业一定会计期间内现金和现金等价物流入与流出的信息，以便于报表使用者了解和评价企业获取现金与现金等价物的能力，并据以预测企业未来现金流量。

二、现金流量表的结构

现金流量表的基本内容包括三个方面：一是经营活动所产生的现金流量；二是投资活动产生的现金流量；三是筹资活动产生的现金流量。

1. 经营活动产生的现金流量

经营活动是指企业投资活动和筹资活动以外的所有交易和事项。经营活动流入的现金包括：①销售商品、提供劳务收到的现金；②收到的税费返还；③收到的其他与经营有关的现金。经营活动流出的现金包括：①购买商品、接受劳务支付的现金；②支付给职工以及为职工支付的现金；③支付的各项税费；④支付的其他与经营活动有关的现金。

2. 投资活动产生的现金流量

投资活动是指企业长期资产的购建和不包括在现金等价物范围内的投资及其处置活动。投资活动流入的现金包括：①收回投资收到的现金；②取得投资收益收到的现金；③处置固定资产、无形资产和其他长期资产收回的现金净额；④处置子公司及其他营业单位收到的现金净额；⑤收到的其他与投资活动有关的现金。投资活动流出的现金包括：①购建固定资产、无形资产和其他长期资产支付的现金；②投资支付的现金；③取得子公司及其他营业单位支付的现金净额；④支付的其他与投资活动有关的现金。

3. 筹资活动产生的现金流量

筹资活动是指导致企业资本及债务规模和构成发生变化的活动。筹资活动流入的现金包括：①吸收投资收到的现金；②取得借款收到的现金；③收到的其他与筹资活动有关的现金。筹资活动流出的现金包括：①偿还债务支付的现金；②分配股利、利润或偿付利息支付的现金；③支付的其他与筹资活动有关的现金。

三、现金流量表的格式

现金流量表的格式分别按一般企业、商业银行、保险公司、证券公司等企业类型予以规定。企业应当根据其经营活动的性质，确定本企业使用的现金流量表格式。一般企业现金流量表的格式如表8—5所示。

表8—5 现金流量表 会企03表

编制单位： _____年_____月 单位：元

项 目	本期金额	上期金额
一、经营活动产生的现金流量：		
销售商品、提供劳务收到的现金		
收到的税费返还		
收到的其他与经营活动有关的现金		
经营活动现金流入小计		
购买商品、接受劳务支付的现金		
支付给职工以及为职工支付的现金		
支付的各项税费		
支付的其他与经营活动有关的现金		
经营活动现金流出小计		
经营活动产生的现金流量净额		
二、投资活动产生的现金流量：		
收回投资收到的现金		
取得投资收益收到的现金		
处置固定资产、无形资产和其他长期资产收回的现金净额		
处置子公司及其他营业单位收到的现金净额		
收到的其他与投资活动有关的现金		
投资活动现金流入小计		
购建固定资产、无形资产和其他长期资产支付的现金		

项　目	本期金额	上期金额
投资支付的现金		
取得子公司及其他营业单位支付的现金净额		
支付的其他与投资活动有关的现金		
投资活动现金流出小计		
投资活动产生的现金流量净额		
三、筹资活动产生的现金流量：		
吸收投资收到的现金		
取得借款收到的现金		
收到的其他与筹资活动有关的现金		
筹资活动现金流入小计		
偿还债务支付的现金		
分配股利、利润或偿付利息支付的现金		
支付的其他与筹资活动有关的现金		
筹资活动现金流出小计		
筹资活动产生的现金流量净额		
四、汇率变动对现金等价物的影响		
五、现金及现金等价物净增加额		
加：期初现金及现金等价物余额		
六、期末现金及现金等价物余额		

四、现金流量表的编制原理

现金流量表的编制基础是收付实现制。编制现金流量表时，经营活动产生的现金流量的列报方法有两种：直接法和间接法。

（1）直接法是通过现金流入和流出的主要类别直接反映企业经营活动产生的现金流量。一般是以利润表中"营业收入"、"营业成本"等数据为基础，将收入调整为实际收现数，将费用调整为实际付现数，计算出经营活动产生的现金流量。

（2）间接法是以利润表上的净利润为起点，以是否影响现金流动为标准进行调整，将减少净收益但不减少现金的项目重新加入净收益中，将增加净收益但不增加现金的项目从净收益中扣除,据此计算出经营活动的现金流量。我国《企业会计制度》规定企业应采用直接法报告经营活动的现金流量。现金流量表各个项目的具体填列方法将在"中级财务会计"课程中介绍。

第五节 所有者权益变动表的编制

一、所有者权益变动表的概念

所有者权益变动表是反映企业年末所有者权益(或股东权益)变动情况的会计报表。所有者权益变动表在一定程度上体现企业综合收益的特点,除列示直接计入所有者权益的利得和损失外,同时包含最终属于所有者权益的净利润,从而构成企业的综合收益。

二、所有者权益变动表的结构

原先的所有者权益变动表,主要按照所有者权益的组成项目列示,包括股本、资本公积、法定和任意盈余公积、法定公益金、未分配利润。而新《企业会计准则》中提升为四大主表之一的所有者权益变动表,则是根据所有者权益变动的性质,分别按照当期净利润、直接计入股东权益的利得和损失、所有者投入资本和向所有者分配利润、提取盈余公积等情况分析填列。其格式如表8—6所示。

表 8—6　　　　　　　　　　所有者权益变动表　　　　　　　　　会企 04 表

编制单位:　　　　　　　　　　＿＿＿＿年度　　　　　　　　　　单位:元

项　目	本年金额						上年金额					
	实收资本(或股本)	资本公积	减:库存股	盈余公积	未分配利润	所有者权益合计	实收资本(或股本)	资本公积	减:库存股	盈余公积	未分配利润	所有者权益合计
一、上年年末余额												
加:会计政策变更												
前期差错更正												
二、本年年初余额												

续表

项　目	本年金额						上年金额					
	实收资本(或股本)	资本公积	减：库存股	盈余公积	未分配利润	所有者权益合计	实收资本(或股本)	资本公积	减：库存股	盈余公积	未分配利润	所有者权益合计
三、本年增减变动金额（减少以"－"号填列）												
（一）净利润												
（二）直接计入所有者权益的利得和损失												
1. 可供出售金融资产公允价值变动净额												
2. 权益法下被投资单位其他所有者权益变动的影响												
3. 与计入所有者权益项目相关的所得税影响												
4. 其他												
上述（一）和（二）小计												
（三）所有者投入和减少资本												
1. 所有者投入资本												
2. 股份支付计入所有者权益的金额												
3. 其他												
（四）利润分配												
1. 提取盈余公积												
2. 对所有者（或股东）的分配												
3. 其他												
（五）所有者权益内部结转												
1. 资本公积转增资本（或股本）												
2. 盈余公积转增资本（或股本）												
3. 盈余公积弥补亏损												
4. 其他												
四、本年年末余额												

三、所有者权益变动表的填制方法

如前所述，所有者权益变动表各项目应当根据当期净利润、直接计入所有者权益的利得和损失项目、所有者投入资本和向所有者分配利润、提取盈余公积等情况分析填列。直接计入当期损益的利得和损失应包含在净利润中；直接计入所有者权益的利得和损失，主要包括可供出售金融资产公允价值变动净额、权益法下被投资单位其他所有者权益变动的影响等，应单列项目反映。

第九章　会计核算组织程序

第一节　会计核算组织程序概述

一、会计核算组织程序的概念

会计核算组织程序就是规定凭证、账簿的种类、格式和登记方法，各种凭证之间、账簿之间和报表之间，以及各种凭证与账簿之间、账簿与报表之间的相互联系及编制的程序。

经济业务发生以后，企业通过设置会计科目、填制会计凭证、登记账簿等一系列会计核算的专门方法，对经济业务进行不断的归类、加工整理、汇总综合，最后在账簿中形成比较系统的核算资料。在对经济业务的逐层加工、汇总、综合的过程中，填制会计凭证是核算资料的收集和初步分类，登记账簿是核算资料的分类整理，编制财务报表是核算资料的再加工。会计核算组织程序如图9－1所示。

首先，在资料的收集阶段，要求填制、整理会计凭证。为实现这一目的，各企业、事业单位应根据经济业务的具体内容，根据登记账簿的需要，设计会计凭证的种类、格式。通常根据需要设计各种格式的原始凭证，以及收、付款凭证和转账凭证等记账凭证。其次，在核算资料的分类整理阶段，要求系统、连续地分类反映各项经济业务的内容，为此需要设置不同的账簿种类，如序时账、总分类账和明细账等。每一种账簿又有不同的格式，如明细账又分为三栏式、多栏式和数量金额式等。最后是编制财务报表。账簿记录提供的资料只能反映企业某一方面的经济业务，为了反映经济业务的全貌，需要对账簿记录进行综合，所以要编制财务报表，即对信息进一步加工、处理。

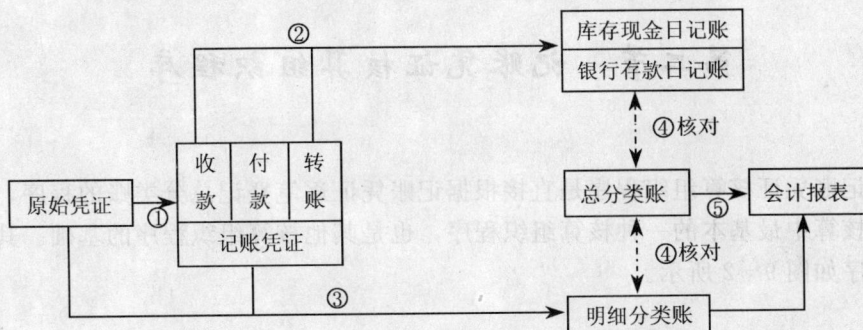

图 9-1 会计核算组织程序

上述三个阶段涉及填制会计凭证、登记账簿和编制财务报表三个重要的会计核算方法。它们不是孤立的，而是相互联系的：编制财务报表的资料主要来源于账簿，财务报表的内容对账簿的种类、格式和内容又有制约作用；会计凭证是账簿登记的依据，账簿的种类、格式和内容，又决定了会计凭证的格式和种类。

二、会计核算组织程序的意义

在我国，主要有如下几种会计核算组织程序：记账凭证核算组织程序、科目汇总表核算组织程序、汇总记账凭证核算组织程序和日记总账核算组织程序等。选用适当的会计核算组织程序对于科学地组织本单位的会计核算具有重要意义：

（1）保证会计记录正确、及时、完整。

（2）保证会计工作有条不紊地进行，提高工作效率，迅速提供财务信息。

（3）保证会计核算资料的质量，为企业的经营管理提供准确、可靠的会计信息。

在实践中，企业应根据自身的特点、规模和业务的特点并结合本单位经营管理和提高经济效率的需要，选用恰当的会计核算组织程序。下面重点介绍几种会计核算组织程序。

第二节　记账凭证核算组织程序

记账凭证核算组织程序是直接根据记账凭证逐笔登记总分类账的程序，是会计核算中最基本的一种核算组织程序，也是其他核算组织程序的基础。其基本程序如图9－2所示。

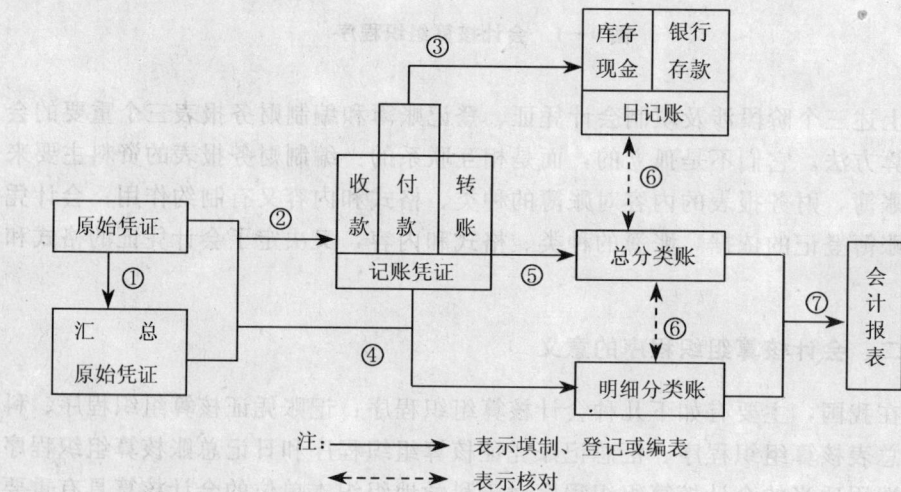

图9－2　记账凭证核算组织程序

程序说明如下：

（1）根据原始凭证定期编制汇总原始凭证；汇总原始凭证的类型和格式要结合企业经济业务的特点确定。

（2）根据原始凭证及汇总原始凭证登记记账凭证。记账凭证通常采用收款凭证、付款凭证和转账凭证的格式。

（3）根据收款凭证和付款凭证逐笔登记库存现金日记账和银行存款日记账；库存现金日记账和银行存款日记账一般采用收、付、余三栏式。

（4）根据原始凭证、汇总原始凭证和记账凭证登记各种明细分类账；明细分类账可采用三栏式、多栏式和数量金额式。

（5）根据各种记账凭证逐笔登记总分类账。总分类账一般采用借、贷、余三栏式。

（6）月末，将库存现金日记账、银行存款日记账和明细分类账的余额与总分类账的余额核对。根据总分类账和明细分类账的余额填制工作底稿，在工作底稿中编制有关的调整分录，并进行试算平衡，作为编制报表的依据。当然，企业也可以直接编制报表。

（7）月末，根据总分类账和明细分类账编制财务报表。财会部门定期将日常核算资料进行再加工和归类汇总，形成一整套反映企业财务状况和经营成果的财务报表体系。

记账凭证核算组织程序的特点是根据记账凭证直接登记总分类账。所以，这种记账程序容易理解，便于掌握。因此，这种核算程序适用于一些规模小、业务量少、凭证不多的单位。但是，当业务量较大时，这种方法会增加登记总分类账的工作量。

另外，为了减少登记总分类账的工作量，简化核算手续，可以设置多栏式的库存现金日记账和银行存款日记账，将其收入栏和支出栏分别按照对应科目设专栏，登记全部收、付款业务。月末，根据各多栏式日记账登记总分类账，不包括在各多栏式日记账中的转账业务，可以根据转账凭证逐笔登记总分类账。我们把这种程序称为多栏式日记账核算组织程序。其基本程序如图 9－3 所示。

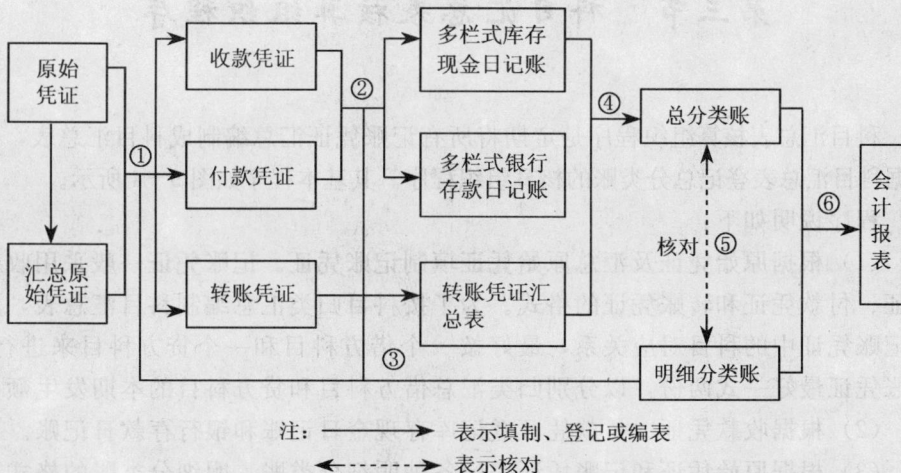

注：——→　表示填制、登记或编表
　　←----→　表示核对

图 9－3　多栏式日记账核算组织程序

程序说明如下：

（1）根据原始凭证登记记账凭证。记账凭证通常采用收款凭证、付款凭证和转账凭证的格式。

（2）根据收款凭证和付款凭证逐笔登记多栏式库存现金日记账和多栏式银行存款日记账，多栏式日记账都设有对应科目专栏，平日逐笔登记，月末结出各科目的余额，作为登记总分类账的依据。

（3）根据原始凭证和各种记账凭证登记多栏式明细分类账及其他明细分类账。多栏式明细分类账设有对应科目专栏，平日逐笔登记，月末结出各科目的余额，作为登记总分类账的依据。其他明细分类账根据具体情况，设置各种格式。

（4）根据多栏式库存现金日记账、多栏式银行存款日记账、多栏式明细分类账及有关转账凭证登记总分类账。为简化核算手续，总分类账根据多栏式日记账和多栏式明细账中结出对应科目的余额月末一次登记。不包括在上述多栏式日记账中的转账业务，可根据转账凭证登记。

（5）进行总账和明细账的核对。

（6）根据总分类账和明细分类账编制财务报表。

这种核算程序，是为简化记账凭证核算组织程序而形成的，当企业的业务量很大时，这种核算程序是比较适用的。

第三节　科目汇总表核算组织程序

科目汇总表核算组织程序是定期将所有记账凭证汇总编制成科目汇总表，再根据科目汇总表登记总分类账的核算组织程序。其基本程序如图9—4所示。

程序说明如下：

（1）根据原始凭证及汇总原始凭证填制记账凭证。记账凭证一般采用收款凭证、付款凭证和转账凭证的格式。为了按科目归类汇总编制科目汇总表，所有记账凭证中的科目对应关系，最好按一个借方科目和一个贷方科目来进行。转账凭证最好一式两份，以分别归类汇总借方科目和贷方科目的本期发生额。

（2）根据收款凭证、付款凭证登记库存现金日记账和银行存款日记账。

（3）根据原始凭证和记账凭证登记各种明细分类账。明细分类账的格式可以由各单位根据自身的特点设置，一般有多栏式、三栏式和数量金额式等。

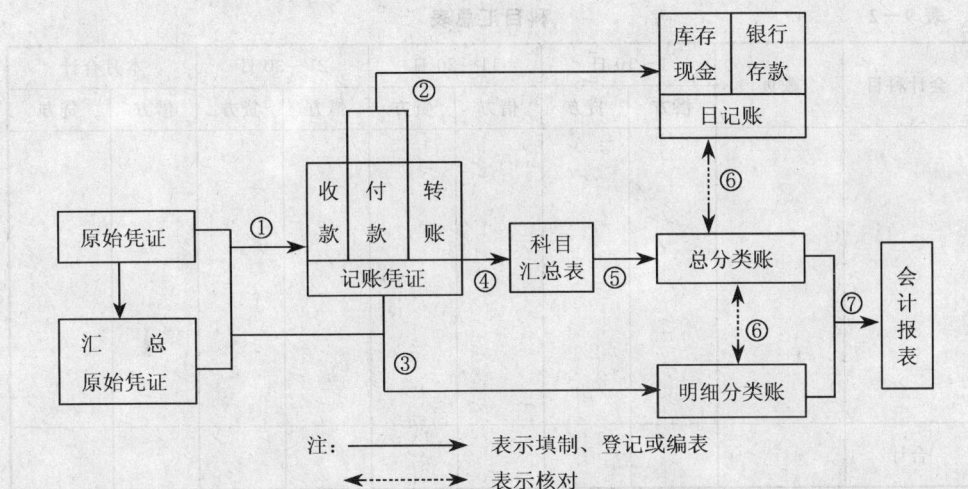

注：———→　表示填制、登记或编表
　　‑‑‑‑→　表示核对

图 9—4　科目汇总表核算组织程序

（4）根据各种记账凭证定期汇总编制科目汇总表。将一定期间的全部记账凭证按相同科目的借方和贷方归类，定期汇总每一会计科目的借方和贷方本期发生额，填制在科目汇总表的相关栏内。科目汇总表的编制时间根据企业经济业务量的多少来确定，可以按每 1 天、5 天、7 天、10 天、15 天等汇总编制一次。科目汇总表一般有以下两种形式，如表 9—1、表 9—2 所示。

表 9—1　　　　　　　　　　　科目汇总表

会计科目	账页	本期发生额		记账凭证起讫号数
		借方	贷方	
合计				

表9—2　　　　　　　　　　　　　　**科目汇总表**

会计科目	账页	1～10日		11～20日		21～30日		本月合计	
		借方	贷方	借方	贷方	借方	贷方	借方	贷方
合计									

　　表9—2的科目汇总表适用于按旬汇总的企业,其他时间编制科目汇总表多采用表9—1的格式定期汇总,每月编制若干张科目汇总表。编制科目汇总表时,将每一科目的所有借方发生额相加,其合计数填入科目汇总表的借方栏内;将所有科目的贷方发生额相加,其合计数填入科目汇总表的贷方栏内。如果借方发生额与贷方发生额相等,说明记账凭证和科目汇总表编制基本正确,可以根据科目汇总表登记总分类账。

　　(5)根据科目汇总表登记总分类账。总分类账一般采用三栏式。其登记日期以科目汇总表的编制时间而定,汇总编制科目汇总表后,即可根据科目汇总表登记一次总分类账。如果按月分旬编制科目汇总表,可汇总一次,登记一次总分类账,或者按整月合计数于月末一次登记总分类账。

　　(6)月末,将库存现金日记账、银行存款日记账和各明细分类账的余额与总分类账的有关账户余额进行核对。

　　(7)月末,根据总分类账和明细分类账编制财务报表。

　　科目汇总表核算组织程序是根据记账凭证汇总编制科目汇总表,根据科目汇总表登记总分类账,它可以减少登记总分类账的工作,手续比较简单,且科目汇总表还起着试算平衡的作用。但是,在一定时期归类编制科目汇总表只能反映各科目的本期借方发生额和本期贷方发生额,不能详细反映各项经济业务之间的来龙去脉,不便于核查账目。这种核算组织程序一般适用于业务量较大、记账凭证较多的企业。

第四节 汇总记账凭证核算组织程序

汇总记账凭证核算组织程序是定期将所有记账凭证汇总编制成汇总记账凭证，然后再根据汇总记账凭证登记总分类账的核算组织程序。其与科目汇总表核算组织程序基本相同，如图 9—5 所示。

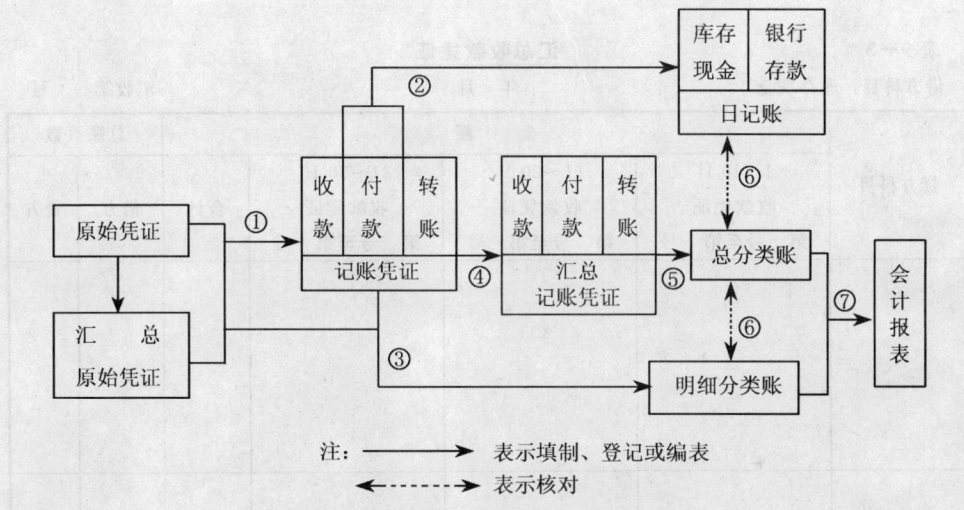

图 9—5 汇总记账凭证核算组织程序

程序说明如下：

（1）根据原始凭证填制各种记账凭证。为便于编制汇总记账凭证，要求收款凭证按一个借方科目与一个或几个贷方科目相对应填制，付款凭证按一个贷方科目与一个或几个借方科目相对应填制，转账凭证按一贷一借或一贷多借的科目相对应填制。

（2）根据收、付款凭证登记库存现金日记账和银行存款日记账。库存现金日记账和银行存款日记账一般采用收、付、余三栏式。

（3）根据原始凭证和各种记账凭证登记明细分类账。明细分类账的格式根据各单位的实际情况及管理的要求，分别采用三栏式、数量金额式和多栏式。

（4）根据记账凭证汇总编制汇总记账凭证。汇总记账凭证分为汇总收款凭证、汇总付款凭证和汇总转账凭证。

汇总收款凭证是根据一定时期的全部收款凭证按月编制而成的，其一般格式见表9－3。汇总收款凭证根据借方科目库存现金和银行存款设置，按其相对应的贷方科目加以归类，定期汇总，按月编制。月末时，结算出汇总收款凭证中各贷方科目的合计数，作为登记总分类账户的依据。收款凭证的借方科目只有库存现金和银行存款，如以借方为主体，按贷方科目归类编制汇总收款凭证的张数就减少了。按月编制汇总收款凭证时只需编制一张库存现金汇总收款凭证和一张银行存款汇总收款凭证就可囊括全部收款凭证。

表 9－3   **汇总收款凭证**

借方科目：库存现金   年   月   汇收第   号

贷方科目	金 额			合计	总账页数	
	1～10日 收款凭证 第 号至第 号	11～20日 收款凭证 第 号至第 号	21～30日 收款凭证 第 号至第 号		借方	贷方

汇总付款凭证是根据一定时期的全部付款凭证按月编制而成的，其一般格式见表9－4。付款凭证是按贷方科目设置，汇总付款凭证也按贷方科目设置，按其相对应的借方科目加以归类，定期汇总，按月编制。月末时，结算出汇总凭证中各借方科目的合计数，作为登记总分类账户的依据。付款凭证的贷方科目只有库存现金和银行存款，如以贷方科目为主体，按借方科目归类编制的汇总付款凭证张数减少。按月编制汇总付款凭证时，只需编制一张库存现金汇总付款凭证和一张银行存款汇总付款凭证就可囊括所有的付款凭证。

表 9—4　　　　　　　　　　　　　　**汇总付款凭证**

贷方科目：银行存款　　　　　　　　　　　年　月　　　　　　　　　　　汇付第　号

借方科目	金　额			合计	总账页数	
	1～10日 付款凭证 第　号至第　号	11～20日 付款凭证 第　号至第　号	21～30日 付款凭证 第　号至第　号		借方	贷方

　　汇总转账凭证是根据一定时期的全部转账凭证按月编制而成的，其一般格式见表9—5。转账凭证的借、贷方科目均无规律性，为避免混乱，规定汇总转账凭证一律按转账凭证的贷方科目分别设置，按与设置科目相对应的借方科目加以归类，定期汇总，按月编制。月末时，结算出各汇总转账凭证中各借方科目的合计数，作为登记总分类账户的依据。如果某一贷方科目的转账凭证数量不多，如"累计折旧"账户通常每月只有一张转账凭证，或汇总原始凭证、自制原始凭证已按贷方科目设置，也可以不编制汇总转账凭证，直接根据转账凭证登记总分类账。

表 9—5　　　　　　　　　　　　　　**汇总转账凭证**

贷方科目：原材料　　　　　　　　　　　年　月　　　　　　　　　　　汇转第　号

借方科目	金　额			合计	总账页数	
	1～10日 转账凭证 第　号至第　号	11～20日 转账凭证 第　号至第　号	21～30日 转账凭证 第　号至第　号		借方	贷方

（5）根据各种汇总记账凭证登记总分类账户。为了使总分类账的内容与各种汇总记账凭证一致，总分类账所采用的借、贷、余三栏式中的借、贷两栏应设有"对方科目"专栏。月末时，根据汇总收款凭证的合计数，登记在"库存现金"、"银行存款"等总分类账户的借方，以及有关账户的贷方；根据汇总付款凭证的合计数，登记在"库存现金"、"银行存款"等总分类账户的贷方，以及有关总账的借方；根据汇总转账凭证的合计数，记入有关总分类账的借方和设证账户的贷方。

（6）月末，将库存现金日记账、银行存款日记账、各明细分类账的余额与有关总分类账户的余额进行核对。

（7）月末，根据总分类账和明细分类账的资料编制财务报表。

汇总记账凭证核算组织程序的主要特点是根据记账凭证编制汇总记账凭证，并以此作为登记总分类账的依据。这种核算组织程序可以将日常发生的大量记账凭证分散在平时整理，同时归类汇总，月末时一次登入总分类账，减轻登记总账的工作量，为及时编制会计报表提供方便。汇总记账凭证是按照科目对应关系归类、汇总编制的，能够明确地反映账户之间的对应关系，便于经常分析、检查经济活动的发生情况。但是，汇总记账凭证按每一个贷方科目归类汇总，不考虑经济业务的性质，不利于会计核算工作的分工，而且编制汇总记账凭证的工作量也较大。这种核算组织程序适用于规模较大、业务量较多的企业。

第五节　日记总账核算组织程序

日记总账核算组织程序是设置日记账，并以所有经济业务编制的记账凭证为依据直接登记日记总账的核算组织程序。其基本程序可通过图9—6表示。

程序说明如下：

（1）根据原始凭证编制汇总原始凭证。

（2）根据原始凭证和汇总原始凭证编制各种记账凭证。记账凭证多采用收款凭证、付款凭证、转账凭证的格式，也可以采用通用格式。

（3）根据收、付款凭证登记库存现金日记账和银行存款日记账。库存现金日记账、银行存款日记账可以采用收、付、余三栏式，也可以采用收、付栏设有对方科目的多栏式。

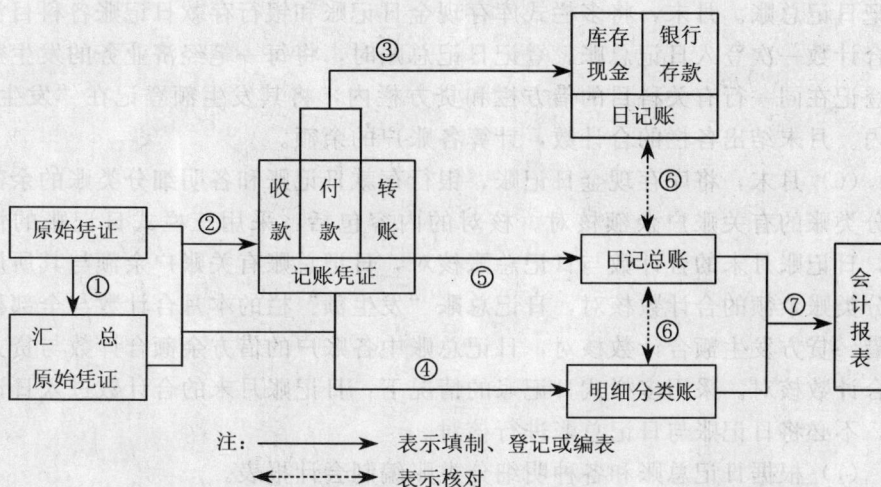

注：—————→ 表示填制、登记或编表
　　- - - - -→ 表示核对

图9—6 日记总账核算组织程序

（4）根据原始凭证和各种记账凭证登记各种明细分类账。明细分类账的格式可根据各单位的实际情况及管理的要求，分别采用三栏式、多栏式和数量金额式。

（5）根据各种记账凭证及库存现金日记账、银行存款日记账登记日记总账。日记总账的格式见表9—6。

表9—6　　　　　　　　　　　**日记总账**

年		凭证		摘要	发生额	库存现金		银行存款		应收账款		其他应收款		原材料		结余
月	日	字	号			借方	贷方	借方	贷方	借方	贷方	借方	贷方	借方	贷方	

　　在采用三栏式库存现金日记账和银行存款日记账的情况下，根据收、付款凭证及转账凭证逐日逐笔登记日记总账；在采用多栏式库存现金日记账和银行存款日记账的情况下，平时根据收、付款凭证登记日记账，根据转账凭证逐笔

登记日记总账。月末，将多栏式库存现金日记账和银行存款日记账各科目汇总的合计数一次登入日记总账。登记日记总账时，将每一笔经济业务的发生额分别登记在同一行有关科目的借方栏和贷方栏内，将其发生额登记在"发生额"栏内。月末结出各栏的合计数，计算各账户的余额。

（6）月末，将库存现金日记账、银行存款日记账和各明细分类账的余额与总分类账的有关账户余额核对。核对的内容包括：采用三栏式日记账的情况下，日记账月末的合计数与日记总账核对，日记总账有关账户余额与其所属明细分类账余额的合计数核对，日记总账"发生额"栏的本月合计数与全部科目的借、贷方发生额合计数核对，日记总账中各账户的借方余额合计数与贷方余额合计数核对。采用多栏式日记账的情况下，日记账月末的合计数过入日记总账，不必将日记账与日记总账进行核对。

（7）根据日记总账和各种明细分类账编制会计报表。

日记总账核算组织程序由于根据记账凭证直接登记日记总账，将日记账与分类账结合在一起，所以简化了记账手续，并且便于检查记账的正确性；日记总账把全部会计科目都集中在一张账页上，可以反映每一经济业务所记录的账户对应关系，为检查、分析经济业务提供了方便，而且根据日记总账编制会计报表可以简化编表工作。但是，如果单位的业务量较大，运用的会计科目较多，账页过长，容易造成记账串行，也不便于会计人员分工。这种核算组织程序适用于规模小、业务简单、使用会计科目较少的单位。

第十章 会计工作的组织

第一节 会计工作组织的意义和要求

一、会计工作组织的意义

会计工作是一项系统工作，有系统就必然存在着组织问题。只有在这个系统中各部分都组织得合理有序、互相协调，才能使整个会计工作得以顺利进行。会计工作的组织就是根据会计工作的特点设置会计机构，配备会计工作人员，制定会计法规制度，以保证合理、有效地进行会计工作。科学地组织会计工作对于实现会计的职能，全面完成会计任务，充分发挥会计在经济、管理中的作用具有重要的意义，具体表现在以下几方面：

(1) 科学地组织会计工作，有利于保证会计工作的质量，提高会计工作的效率。会计工作是一项严密、细致的管理工作。会计反映的是再生产过程中各个阶段以货币表现的经济活动，具体来说是循环往复的资金运动。会计工作要把这些财务收支和经济活动连续地进行收集、记录、分类、汇总和分析等，这不但涉及复杂的计算，而且包括一系列的程序和手续。各个程序之间、各种手续之间联系密切，如果在任何一个环节出现问题，都会造成整个核算结果错误并影响会计信息的及时性。如果没有专职的办事机构、办事人员和一套系统、科学的工作制度与程序，就很难组织好会计工作，更谈不上什么效率了。

(2) 科学地组织会计工作，可以保证会计工作与其他管理工作协调一致。会计本身是一种管理活动，同时，它又是为管理提供信息的一个信息系统。会计工作不但与宏观经济，如国家财政、税收、金融等密切相关，而且与各单位内部的计划、统计等工作密切相关。会计工作一方面能够促进其他管理工作，另一方面也需要其他管理工作的配合。会计工作与其他管理工作是相互制约、相互促进的，因此，科学地组织会计工作，协调好会计内部及与其他管理工作之间的关系，对提高会计信息质量，加强企业管理，具有重要意义。

（3）科学地组织会计工作，可以加强各单位内部的经济责任制。经济责任制是各经营单位实行内部控制的重要手段，会计是管理的重要组成部分，必须要在贯彻经济责任制方面发挥作用。比如，科学的经济预测、正确的经济决策以及业绩评价考核等都离不开会计工作的支持。科学地组织会计工作可以促进单位内部有效利用资金，提高管理水平，从而提高经济效益。

（4）科学地组织会计工作，有利于国家的财经方针、政策的贯彻执行。会计工作是一项政策性很强的工作，发挥会计的监督作用，认真贯彻执行国家有关法令、制度，揭露和制止一切违法、违纪行为，也是会计工作的一项重要任务。因此，正确组织会计工作，对于维护财经纪律、建立良好的社会经济秩序具有重要意义。

二、组织会计工作应遵循的要求

组织会计工作应遵循的要求是指组织会计工作必须遵循的管理工作的一般规律。它是做好会计工作、提高会计工作质量和效率必须遵守的原则。要组织好会计工作，应符合以下要求。

（1）组织会计工作既要符合国家对会计工作的统一要求，又要适应各单位生产经营的特点。在社会主义市场经济条件下，会计信息既要满足有关各方了解会计主体财务状况、经营成果及现金流量状况的需要和加强内部经营管理的需要，同时，还应当符合国家宏观经济政策的要求。因此，会计工作要由国家按照统一领导、分级管理的原则建立管理体制。组织会计工作，必须按照《中华人民共和国会计法》对会计工作的统一要求，贯彻执行国家的有关规定。只有按照统一要求组织会计工作，才能发挥会计工作在维护社会主义市场经济秩序，加强管理，提高经济效益中的作用。

此外，由于每个会计主体的经营范围、业务内容不尽相同，会计信息的使用者对会计信息的要求也有差别，因此，各单位还必须结合自身的特点制定具体办法和补充规定，如在会计准则、会计制度规定的范围内增设或合并一些会计科目，采用切合本单位实际的成本核算方法等。

（2）组织会计工作既要保证核算工作的质量，又要节约人力、物力以提高工作效率。会计工作十分复杂，如果组织不好，就会重复劳动，造成资源浪费。因此，企业应该严密地组织会计工作，细致地规定和执行各项会计手续和工作程序。在保证会计工作质量的同时，也要考虑会计组织程序，所有会计凭证、账簿、报告的设计，会计机构的设置以及会计人员的配置等，应避免手续烦琐、机构重叠等不合理现象发生，尽量节约会计工作的时间和费用。目前，会计核算已经逐步向电算化方向发展，组织会计工作还应考虑电算化问题，从工艺上改进会计的操作技术，提高会计工作效率。

（3）组织会计工作既要保证贯彻整个单位的经济责任制，又要建立会计工作的责任制度。科学地组织会计工作，应在保证贯彻整个企业的经济责任制的同时，建立和完善会计工作本身的责任制度，合理分工，实现会计处理手续和会计工作程序的规范化，力求使每个岗位上的会计人员都认真履行本岗位职责，同时各岗位应相互协调和配合，共同做好本单位的会计工作。

第二节　会计机构和会计人员

一、会计机构的设置

会计机构是直接从事和组织会计工作的职能部门。建立和健全会计机构，是加强会计工作、保证会计工作顺利进行的重要条件。任何单位，无论是企业、事业单位，还是行政机关，都要设置从事会计工作的专职机构。在我国，由于会计工作和财务工作都是综合性的管理工作，它们之间的关系非常密切，通常把两者合并在一起，设置一个财务会计机构。例如，企业设置的财务会计科（处）或财务科（处）等。所以，会计机构通常是指财务会计部门。

（一）国家管理部门设置的会计机构

《中华人民共和国会计法》明确规定：国务院财政部门管理全国的会计工作，地方各级人民政府的财政部门管理本地区的会计工作。我国财政部设有会计事务管理专职机构，这个机构的主要职责是，在财政部领导下，拟订全国性的会计法令，研究、制订改进会计工作的措施与会计工作规划，颁发会计工作规章制度，批准注册会计师任职资格，管理、审批外国会计公司在我国设立常驻代表机构，会同有关部门制定并实施会计专业技术资格考试制度，组织会计人员的业务培训，等等。各省、市、自治区的财政厅、局一般也设有相应的会计事务管理机构，负责管理本地区的会计工作。它们的主要任务是：根据国家统一会计法规、制度的要求，制订本系统适用的会计法规、制度的实施细则；审核并批复所属单位上报的会计报表，同时汇总编制本系统的汇总会计报表；

检查和指导所属单位的会计工作，帮助其解决工作上的问题；总结并组织所属单位的交流会计工作的先进经验；核算本单位以及上下级之间有关款项缴拨的会计事项等。由此可见，我国会计工作在管理体制上具有统一领导、分级管理的特点。

（二）企业、行政事业单位设置的会计机构

基层企业的会计机构，一般称为会计（财务）处、科、股、组等。各单位的会计机构，在行政领导人的领导下开展会计工作，在设置总会计师的单位，其会计机构由总会计师直接领导，负责组织和监督本企业及下属企业财务会计工作，制定本单位的财务会计制度，同时接受上级财务主管部门的指导和监督。

行政事业单位在资金的取得与使用上与企业单位有着根本的区别。它们的经费来源主要由预算拨款形成，所以，这些单位在设置会计机构时，只要能满足按照国家对行政事业单位的统一规定，对经费的收支及时进行核算和报告的要求即可，而不必像企业那样考虑很多因素。当然，行政、事业单位的会计机构设置，也必须要考虑内部控制等基本因素，以保证各单位预算资金的安全、完整和合理使用。

近年来，随着我国市场经济体制改革的不断深入，过去那种全额预算单位越来越少，除国家行政机关外，绝大多数事业单位都进行了企业化管理，其会计核算工作的内容也将日益增多和复杂。

无论是何种基层单位，要想使所设置的会计机构有效地进行工作，应该在会计机构内部进行适当的分工，按照会计核算的流程设置岗位，并为每个岗位规定职责和要求。同时，为每个岗位配置相应的人员，使每一项会计工作都有专人负责。这样可以加强会计管理，提高工作效率，此外，在会计机构内部的岗位分工上，应符合内部控制制度的要求，并建立稽核制度，以防止或发现工作中的差错或失误。没有设置会计机构和配备会计人员的单位，应当根据《代理记账管理暂行办法》委托会计师事务所或者持有代理记账许可证书的其他代理记账机构进行代理记账。

（三）会计工作的组织形式

企业会计部门承担哪些工作，与会计工作的组织形式有关。一般的情况是，企业内部各职能部门，如工业企业的车间、商业企业的柜组等，根据业务需要，可以设置专职或兼职的核算人员；二级单位规模较大，也可设置专门的财务会计机构。按此要求，会计工作的组织形式应视企业的具体情况不同而有集中核算和非集中核算两种。采用集中核算组织形式，企业经济业务的明细核算、总分类核算、会计报表编制和各有关项目的考核、分析等会计工作，集中由厂级会计部门进行；其他职能部门、车间、仓库的会计组织或会计人员，只负责登记原始记录和填制原始凭证，经初步整理，为厂级会计部门进一步核算提供资料。采用非集中核算组织形式，就是把某些业务的凭证整理、明细核算和有关会计报表，特别是适应企业内部单位日常管理需要的内部报表的编制和分析，分散到直接从事该项业务的车间、部门进行，如材料的明细核算由供应部门及其所属的仓库进行，但总分类核算、全厂性会计报表的编制和分析仍由厂级会计部门集中进行，厂级会计部门还应对企业内部各单位的会计工作进行业务上的指导和监督。

在一个单位内部，实行集中核算或非集中核算，主要取决于经营管理的需要。在实际工作中，有的企业往往对某些会计业务采用集中核算，而对另一些业务又采用非集中核算。但无论采用哪种形式，企业对外的现金往来、物资购销、债权债务的结算都应由厂部财务会计科集中办理。集中核算与非集中核算，有时也适用于企业与下属单位之间的核算关系。例如，一个商业企业下设若干门市部，这些门市部如果是独立核算单位，那么，这个商业企业就是实行非集中核算；如果不是独立核算单位（通常叫报账单位），则是实行集中核算。会计机构对单位内部各个非独立核算单位的核算工作，都应加强指导和监督。

为了开创会计工作的新局面，更好地发挥会计的职能，有的企业突破传统观念，把会计部门的工作分为两大系统：一个系统负责传统的记账、算账、报账工作，或称为会计信息处理系统；另一个系统则从事经营分析、前景预测、目标规划、业绩考核和奖惩工作，或称为参与管理与决策系统。这就是财务会计与管理会计相对独立、各司其职的会计工作组织方式。这种组织方式亦可将集中核算与非集中核算穿插结合。

二、会计人员的配置

会计人员是从事会计工作、处理会计业务、完成会计任务的人员。企业、事业单位、行政机关等，都应根据实际需要配备必要的、合格的会计人员，这是做好会计工作的决定性因素。

（一）会计人员的资格

为了加强对会计工作和会计人员的管理，促进各单位配备合格的会计人员，提高会计队伍素质和会计工作水平，充分发挥会计工作在社会主义市场经济中的作用，根据《中华人民共和国会计法》的规定，财政部制定了《会计从业资格管理办法》。其中重要的一条就是："各单位不得任用不具备会计从业资格的人员从事会计工作。"取得会计证书需要参加财政部举办的全国统一考试。此外，会计证实行注册登记和年检制度，未经注册登记的会计证不予办理年检，不得参加会计专业技术资格考试。

（二）会计人员的职责

《中华人民共和国会计法》规定，会计人员的职责主要是：

（1）规范地进行会计核算。会计人员要以实际发生的经济业务事项进行会计核算，及时地提供真实、可靠的，能满足有关各方需要的会计信息，这是会计人员最基本的职责，也是做好会计工作的最起码的要求。

（2）有效地实行会计监督。各单位的会计机构和会计人员要随时对本单位的会计资料、财产、物资及核算中发生的不合法和不合理的财务收支进行制止和纠正，制止和纠正无效的，应向上级主管单位报告，请求处理。

（3）拟订本单位办理会计事务的具体办法。国家制定的统一的会计法规只对会计工作管理和会计事务处理办法做出一般性规定。各单位要依据国家颁布的会计法规，结合本单位的特点和需要，建立、健全本单位内部使用的会计事务处理办法。例如，建立会计人员岗位责任制、内部牵制和稽核制度，制定分级核算、分级管理办法和费用开支报销办法，等等。

（4）参与拟订经济计划、业务计划，编制预算和财务计划并考核、分析其执行情况。

（5）办理其他会计事务。生产力水平越高，人们对管理的要求也就越高，作为管理的重要组成部分的会计工作也就越重要，会计事务也必然日趋丰富多样。例如，实行责任会计、经营决策会计、电算化会计，等等。

（6）妥善、完整地保管好各种会计档案。

（三）会计人员的技术职务

为了合理使用会计人员，充分发挥会计人员的积极性和创造性，不断提高其业务水平，根据有关规定，企业、事业单位和行政机关的会计人员，通过专业技术资格考试后，可以依据学历、从事财务会计工作的年限、业务水平和工作成绩，确定其专业技术职务。目前我国会计专业技术职务分别定为：会计员、助理会计师、会计师和高级会计师。会计员和助理会计师为初级职务，会计师为中级职务，高级会计师为高级职务。

会计专业技术职务的任职条件和基本职责是有差别的。确定会计人员的专业职务时，在学历和从事财务会计工作年限等方面都有相应的要求，但对确有真才实学、成绩突出、贡献显著、符合任职条件的，在确定其相应专业技术职务时，可以不受学历和工作年限的限制。会计人员除应当具备必要的专业知识和专业技能外，国家法规还规定：会计人员应当按照国家有关规定参加会计业务培训；各单位应当合理安排会计人员的工作，保证会计人员每年有一定时间用于学习和参加培训。

第三节　会计法规和制度

会计法规是国家管理会计工作的各种法律、法令、条例、准则、章程、制度等规范性文件的总称。它是以一定的会计理论为基础，根据国家的财经方针、政策，将会计工作所应遵循的各项原则和方法，用法规的形式肯定下来，使其具有法律规范的一般约束力，以保证会计工作按照一定的目标进行。

制定和实行会计法规和制度，可以保证会计工作贯彻、执行国家有关的财经政策，使其提供的会计资料和会计信息真实、可靠。

一、会计法规制度体系

当前，我国会计工作正处在重大改革阶段。2006 年 2 月 15 日财政部发布了《企业会计准则》，它包括基本准则和 38 项具体会计准则。这标志着我国的会计工作从此走上了规范化、法制化，并逐步与国际会计准则体系相协调的道路。我国会计核算法规和制度体系将由三个层次构成。

（一）第一层次是基本法，即《中华人民共和国会计法》

《中华人民共和国会计法》是会计核算工作最高层次的规范，由全国人民代表大会常务委员会制定并以国家主席令的形式发布。我国在 1985 年颁布了第一部《中华人民共和国会计法》（以下简称《会计法》），根据社会的发展和经济形势的变化，在 1993 年和 1999 年分别修订了两次。

（二）第二层次是会计准则

会计准则是根据《会计法》的要求制定，对所有设在中华人民共和国境内的单位的会计核算工作均有约束力的规范，它由财政部制定，报国务院批准后颁发，具体又分为基本准则和具体准则两个层次。基本准则是进行会计核算工作必须共同遵守的基本要求，体现了会计核算的基本规律，是对会计核算要求所作的原则性规定。它具有覆盖面广、概括性强等特点。具体准则是根据基本准则的要求，对经济业务的会计处理做出具体规定的准则。它由以下三类准则组成：

（1）各行业共同经济业务的准则，如应收账款、应付账款、长期投资、固定资产等。

（2）关于特殊经济业务的准则，包括各行业共有的特殊业务和特殊行业的特殊业务，前者如外币业务、租赁业务、清算业务等，后者如金融企业的存贷款业务等。

（3）有关会计报表的准则，如资产负债表、利润表、现金流量表、合并会计报表以及会计政策、会计估计变更和资产负债表日后事项等。

（三）第三层次是国家制定的各行业会计制度以及一些大中型企业自行制定的会计制度

这样的会计制度仅在行业内和具体使用单位内有约束力。如《小企业会计制度》以及有关会计工作具体要求和方法的规章制度，如《会计人员职权条例》、《总会计师条例》、《会计基础工作规范》、《会计档案管理办法》等。

以上三个层次的关系是：《会计法》统驭会计准则，会计准则统驭会计制度。

二、制定会计法规的意义

（一）会计法规是开展经济活动的规范

任何一个单位发生经济业务，都会引发资金的运动，包括资金的取得和资金的使用，而资金的运动正是财会工作的对象。正确取得资金来源，充分、合理地利用资金，以求最佳利用效果，是财会工作的核心内容。没有规矩不成方圆。在开展经济活动过程中，正是有了财会法规对经济活动做出规范，才使经济活动得以健康、有序地开展，才使国民经济迅速、健康、有序地增长。

（二）会计法规是监督经济过程的标准

财会法规不仅从原则上对经济活动做出规范，而且对各项经济过程做出具体的规定，这些具体的规定是衡量经济过程是否合理、合法的标准。凡是按章办事的经济活动就是合理、合法的，凡是违反各种开支标准、费用限额及业务程序的经济活动就是违法的，必将受到法律的制裁。财会工作对整个经济活动过程的监督与控制正是以财会法规所确定的客观标准作为依据来进行的。

（三）会计法规是会计依法行使权利的保障

财会法规规定了它的适用对象，包括法人和自然人。它尤其强调了单位领导人对财会工作不仅要加强领导，坚决支持财会人员依法开展工作，还要保障财会人员的职权不受侵犯，对尽职尽责做出显著成绩的财会人员应予表彰，对弄虚作假、玩忽职守的财会人员进行批评教育，做出处理。财会人员在履行会计职权过程中受到干扰，甚至受到迫害的，施压人员将会受到处理，从而为保证会计人员行使职权确立了强大的法律后盾。

（四）会计法规是制裁违法行为的依据

违法行为是指违反法律规定的行为。法律规定禁止做的，做了是违法；法律规定必须做的，不做也是违法。违法就应受到相应的制裁。财会工作的违法行为，是指违犯《会计法》的行为。《会计法》规定追究法律责任所适用的法规包括行政法规和刑法。这就为对财会工作的违法行为进行法律制裁确立了依据。

三、会计法规的特征

制定会计法规的目的在于促进各单位依法做好财会工作，为加强经济管理、提高经济效益服务。我国制定的财会法规的特点主要表现在以下几方面。

（一）强制性

财会法规是经济法规的组成部分，是国家权力机关制定或认可的有关财会工作方面的法律依据和规范。它要求一切财会活动必须依法办事，违法者必将受到法律制裁或行政处罚，这是不以人们的意志为转移的。这种强制性在维护正常经济秩序，保证会计人员行使职权，履行会计义务方面起到了强大的保证作用，同时也为财会人员在加强自身建设，树立职业道德规范，开展财会工作方面确立了标准。

（二）综合性

财会法规所包含的内容，涉及会计人员、会计工作、会计机构等各个方面。各行各业、各个单位及各个部门都存在着经济活动或财务收支活动，都应该加以核算和监督，也就是说只要存在着财务、会计工作，那就一定要遵循这些法规。

（三）规范性

财会法规所规定的各项内容是与国家其他法律法规的规定相一致的，它规范了调整会计关系、开展财务活动和办理会计事务的基本方法和程序，即财会法规明确规定了哪些经济行为是合乎法规的，哪些经济行为是违法的，要求会计人员及其他人员严格按照规定的要求和方法来处理财务事务，以保证财会工作统一、有序地进行。只有这样，才能保证做好财会工作，促进国民经济健康发展。

财会法规是经济法规的重要组成部分。财会法规与其他经济法规关系密切，相互依存，相互补充，统一协调，共同构成经济法规体系。经济法规调整的对象是整个国民经济活动中的经济关系，而财会法规主要调整在这一经济活动中的财务会计关系。财会法规在调整经济活动中的财务会计关系时，势必要与其他经济法规发生联系，如金融法规、税收法规等。因此，在制定财会法规时，应与其他经济法规协调一致。但财会法规在制定过程中并不是消极地适应经济法规的有关规定，而应考虑财会工作的独立性和特点，做出相应的规定。这就要求相关经济法规在涉及财会工作特殊性的方面同样要加以充分考虑。

第四节　会计档案

一、建立会计档案的意义

档案是人类由野蛮时代过渡到文明时代的产物，自古以来，人类就重视档案的保存和利用。远在五千多年前，当人类发明了文字，并用以记言记事时，档案就出现了，并伴随社会的发展而发展。从古老的石刻、泥板、甲骨，到纸质档案，再到近现代照片、录音、录像，这些构成了丰富多彩的档案财富，记录着人类历史的足迹。近代特别是现代社会各个领域对档案信息的需求普遍增长，档案工作也由简单的、封闭的、经验性的管理方式，发展到复杂的、开放的和科学的管理系统，并成为一项专门的事业，为人类社会的进步服务。

（一）会计档案的特点

会计档案，是企业、事业单位、机关、团体在管理和各项会计核算活动中直接形成的作为历史记录保存下来的会计凭证、会计账簿和会计报表以及其他有关会计工作应予集中保管的文件。它是记录和反映经济业务、财务收支状况及其结果的重要史料和证据。会计档案的特点主要表现在：

（1）会计档案专业性强。会计核算从凭证、账簿到报表，有一整套科学的、完整的核算方法和核算程序，这种以数字为主要内容的与一般档案不同的特殊内容和专门手段，使会计档案具有较强的专业性。

（2）会计档案涉及面广、数量多。凡有财务活动的地方，都有数量不等的会计档案。

（3）会计档案的共性突出。会计工作遍布社会的各个角落，但各个门类会计的基本核算方法是相同的，都会形成会计凭证、会计账簿、会计报表。

（4）会计档案相互制约、密切联系。会计核算中，首先有会计凭证，其次依据会计凭证登记会计账簿，最后根据会计账簿编制会计报表，环环相扣，相互牵制。

（5）会计档案保管形式特殊。会计凭证、账簿和报表都有特定的格式，与一般文件不同，因此，会计档案的装订、保管也有一定的特殊性。

（二）建立会计档案的意义

建立会计档案的重要性主要表现在以下方面：

（1）有利于加强对各单位经济活动的检查和监督，维护国家财经制度的严肃性。各单位所进行的经济活动是否符合国家的财经纪律、制度和法令，必然会通过其会计核算资料反映出来。建立会计档案，实行会计档案管理，有利于国家有关管理部门对各单位的经济活动进行事后监督和检查。如果其经济活动是违反财经制度，甚至是违反国家有关法令的，就可据此对该单位进行相应的经济处罚，直至对有关人员追究法律责任。

（2）有利于加强会计部门工作人员的责任心。会计人员必须遵守并贯彻执行国家的制度和法律，维护国家利益，廉洁奉公，忠于职守。会计人员在实际工作中是否按照这一要求去做，一方面是通过日常财务处理来检查，另一方面也可以通过会计档案反映的情况来检查。

（3）有利于进行历史对比和分析。企业会计部门在会计核算和财务分析的过程中，需要将历史资料进行对比和分析，以反映企业财务活动的变化情况，揭示出企业经济活动的规律，从而更好地指导企业的生产经营活动，提高企业的经营管理水平。如果企业的会计档案工作做得好，就可及时提供所需的历史资料。

（4）有利于完善会计的信息系统，为企业的经济决策服务。企业的经济决策不仅需要会计部门提供当前财务方面的信息和资料，还需要提供以往财务方面的信息和资料，这样，经济决策部门才能根据当前企业的实际状况和历史变化规律，做出较为准确的经济决策。因此，从完善会计信息系统、为企业经济决策服务的角度看，建立会计档案，也是十分必要的。

（三）会计档案管理的要求

为了加强会计档案管理，财政部和国家档案局于1984年6月1日联合颁布了《会计档案管理办法》，这一文件统一了全国会计档案的管理制度，划清了会计档案与其他档案的界限，明确了会计部门与档案管理部门的分工协作关系，确定了会计档案的保管期限和销毁办法。各单位必须遵照《会计档案管理办法》的有关规定，建立和健全会计档案的立卷、归档、保管、调阅和销毁等管理制度，切实把会计档案管好。

各单位每年形成的会计档案，应当由会计机构按照归档要求，负责整理立卷，装订成册，编制会计档案保管清册。当年形成的会计档案，在会计年度终了后，可暂由会计机构保管一年，期满之后，应当由会计机构编制移交清册，移交本单位档案机构统一保管；未设立档案机构的，应当在会计机构内部指定专人保管。出纳不得兼管会计档案。移交本单位档案机构保管的会计档案，原则上应当保持原卷册的封装。个别需要拆封重新整理的，档案机构应当会同会计机构和经办人员共同拆封整理，以分清责任。

各单位应当建立、健全会计档案查阅、复制登记制度，其保存的会计档案不得借出。如有特殊需要，经本单位负责人批准，可以提供查阅或者复制，并办理登记手续。查阅或者复制会计档案的人员，严禁在会计档案上涂画、拆封和抽换。

会计档案的保管期限分为永久、定期两类。定期保管期限分为 3 年、5 年、10 年、15 年、25 年五类。会计档案的保管期限，从会计年度终了后的第一天算起（见表 10－1）。

表 10－1　　　　　　　企业和其他组织会计档案保管期限表

序号	档案名称	保管期限	备　注
一	会计凭证类		
1	原始凭证	15 年	
2	记账凭证	15 年	
3	汇总凭证	15 年	
二	会计账簿类		
4	总账	15 年	包括日记账
5	明细账	15 年	
6	日记账	15 年	库存现金和银行存款日记账保管 25 年
7	固定资产卡片		固定资产报废清理后保管 5 年
8	辅助账簿	15 年	
三	财务报告类		包括各级主管部门汇总财务报告
9	月、季度财务报告	3 年	包括文字分析
10	年度财务报告（决算）	永久	包括文字分析
四	其他类		
11	会计移交清册	15 年	
12	会计档案保管清册	永久	

序号	档案名称	保管期限	备　注
13	会计档案销毁清册	永久	
14	银行存款余额调节表	5 年	
15	银行对账单	5 年	

　　保管期满的会计档案，可以按照规定程序予以销毁。

　　采用电子计算机进行会计核算的单位，应当保存打印出的纸质会计档案。具备采用磁带、磁盘、光盘、微缩胶片等磁性介质保存会计档案条件的，由国务院主管部门统一规定，并报财政部、国家档案局备案。

　　单位因撤销、解散、破产或者其他原因而终止的，在终止和办理注销登记手续之前形成的会计档案，应当由终止单位的主管部门或财产所有者代管或移交有关档案馆代管，法律、行政法规另有规定的，从其规定。

第五节　会计操作技术

一、会计核算与数据处理

　　会计要发挥核算与监督的职能，为会计信息使用者提供有用的信息，就必须运用特有的方法，对大量经济业务产生的数据进行加工。从某种角度可以说，会计核算工作的过程是对数据进行处理的过程。数据处理是把记录下来的事实加工、整理成有用信息的过程。数据处理过程包括以下几个步骤。

　　（一）数据收集和校验

　　收集大量的数据，并采用适当的方式将其记录下来，这是数据处理的第一步，它关系着输出数据的真实性、完整性。数据收集一般包括数据判定和数据记载两项工作。数据判定是指在取得大量数据的基础上，选择那些有意义、能够正确描述事件的数据，把这些数据输入处理系统，同时排除那些不能真实描述事件的数据。会计核算过程中的确认实际上就是这里所说的数据判定。数据记载是把所需要的数据记载下来，可以记载数据的介质称为数据载体，会计上的数据载体就是会计凭证。将数据从原始凭证过入记账凭证，从会计核算的角度看，是分类的过程；从数据处理的角度看，则是通过加工进行了信息转换，由一般经济信息转换成会计信息，并且改变了数据记载的形式。

数据校验是指对记载的数据进行校对和验证，以保证将完整和正确的数据输入处理系统。在会计工作中，数据校验是通过对取得的原始凭证进行审核完成的。

（二）数据加工

数据加工是指通过算术运算或逻辑运算，把收集好的数据转换成信息的处理过程。它包括分类、排序、核对、合并、计算、比较、选择等工作。

（三）数据传输和存储

数据传输是指将数据从一个地方传送到另一个地方，或把最终结果传送给用户。财务报告是会计工作的最终结果，企业应定期编制财务报告，并报送给有关的会计信息使用者。

数据存储是指将原始数据、中间结果和程序存储起来，以备调用。会计账簿就是储有数据的媒体，由于数据的收集和传输存在着时间上的差异，相同数据在不同处理过程中需要重复使用，因此，有必要将数据存储起来以备将来使用。可以看出，会计核算与数据处理的关系极为密切，会计核算是一种特殊的数据处理程序，是运用会计特有的方法，对经济业务的数据进行加工、处理、存储、传输的过程。

二、会计操作技术

会计操作技术，就是对会计数据在记录、计算、分类整理、储存和报告等操作过程中所采用的技术方法。在组织会计工作时，根据需要采用科学的操作技术并不断加以改进，必将使会计工作效率得到提高。

（一）会计操作技术的发展阶段

会计操作技术是随着社会经济的发展和科学技术的进步而不断发展变化的。概括说来，它经历了手工操作、机械化操作和电算化操作三个发展阶段。

1. 手工操作

手工操作技术主要是通过手工劳动来处理会计数据。从远古时候的结绳记事算起，它经历了漫长的过程，逐步发展到以算盘作为运算工具，用笔墨在凭证、账簿上记录各项经济业务，并通过账簿的记录和报表的编制，储存和提供系统的数据资料。

2. 机械化操作

机械化操作技术主要是以机器操作代替手工操作。由于机械化的、大规模的生产不断发展，科学管理日趋重要，客观上要求会计工作提供更多的数据资料。为了及时、正确地处理会计数据，在会计工作中，先在记录和计算方面使用了打字机和计算机，使会计操作技术出现了半手工、半机械化操作。以后又出现了穿孔卡片计算机核算系统，即机械化核算系统。只要把原始数据制成穿孔卡片，经过分类、整理、计算、制表等机械化处理程序，即可打印成会计报表输送出来。机械化核算系统使会计数据处理比手工操作又快、又准，是会计操作技术的一大进步。

　　3. 电算化操作

　　电算化操作就是以计算机为手段进行会计数据处理。计算机是一种运用电子技术组合成一定的指令程序，按照人们的意图去分析和处理数据，并得到预期结果的计算工具。它一般由相互联系、相互配合的五部分组成，即输入、存储、算术及逻辑运算、控制和输出。运用计算机对会计业务进行处理是现代化的会计操作技术，这是会计操作技术发展的必然趋势。

　　（二）电算化会计信息系统的内容

　　电算化会计信息系统，概括地说，就是一个人机结合的系统，它是利用信息技术、现代化的会计技术，以计算机为操作工具，对各种会计数据进行收集、加工处理、存储分析和信息交换的人机系统。它随着计算机在会计中的应用而不断扩展，由单项应用到综合应用，最后发展到目前的整个信息系统的应用。就电算化会计信息系统本身而言，它可以是单项业务电算化的会计信息系统，也可以是多项业务电算化的会计信息系统。

　　电算化会计信息系统的建立具体包括以下几方面内容：

　　（1）开展会计电算化工作队伍的组织。

　　（2）各项费用的预算。

　　（3）计算机硬件及软件的配置。

　　（4）会计应用软件的开发或购买。

　　（5）系统的调试、试运行及验收等工作。

　　建立一套完整的电算化会计信息系统，就可以利用计算机完成会计核算的功能，不仅如此，还可以用它进行财务分析、计算、控制和辅助财务决策等。通过电算化会计信息系统，不仅可以节省人力和时间，使会计人员从日常烦琐的记账、算账、报账的会计业务操作中解脱出来，更重要的是可以提供高质量的会计信息，从而使企业更有效地改善经营管理，提高经济效益。

　　（三）电算化会计信息系统的特点

　　1. 会计信息处理电算化

　　在电算化会计信息系统下，会计数据处理的基本模式已不再是凭证→账簿→会计报表，而是凭证→输入媒体→业务文件→分录文件→会计报表。即首先要把各种经济业务的原始凭证录制到媒体上，一般可以通过键盘输入到磁带或磁盘上，组成各种专门文件（业务文件）；其次，以这些文件作出在磁带或磁盘上的分录文件，接着再通过计算机的编表程序，打印出总分类账户本期发生额及余额表，并在磁带或磁盘上录制总账文件。月终结账时，只要利用总账文件，通过计算机的月度决策程序，便可以打印出月度报表以及其他管理上需要的信息。在这种操作技术下，计算机根据给定的程序指令对会计信息进行处理，其处理是否符合有关的财经纪律和会计法规，将决定于系统应用程序的恰当性和有效性。

2. 会计信息存储电磁化

在电算化会计系统中，会计信息是以各种数据文件的形式记录在磁盘或磁带等磁性介质中，这些磁性介质中的会计信息是以肉眼不可见的机器（指计算机）可读的形式存在的。这些会计信息具有磁性介质所记录的电磁信号的特点，很容易被删去或被篡改而不留下痕迹，而且，磁性介质的损坏会导致所存储的会计信息的丢失，因此，电算化会计系统中电磁化的会计信息的安全是相当重要的。

3. 会计信息表示代码化

在电算化会计系统中，为了使会计信息更便于计算机进行处理，为了提高系统处理的速度和节省存储的空间，也为了节省系统操作人员操作的时间，尽可能减少汉字的输入，大量的会计信息要用代码表示。如常见的会计科目、部门、职工、产成品、原材料、固定资产、主要的顾客或供应商等都用设计适当的代码来表示，甚至记账方向和部分较规范的摘要也有用代码表示的。由于计算机是对代码表示的信息进行处理的，因此，代码设计的科学性和合理性及其输入的正确性是很重要的。

4. 会计信息处理与存储的集中化

在电算化会计系统中，企业的各项会计业务的处理，均集中由计算机根据有关的程序指令自动进行处理。虽然在较完整的会计信息系统中，各项处理通常分别由各功能模块或子系统完成，但它们都集中由计算机统一进行处理。经计算机处理的各种会计信息，除复制的备份文件外，也常以各种数据文件的形式集中存储于系统的硬盘中。由于会计信息的处理和存储都高度集中于计算机系统，会计信息的安全、可靠首先决定于计算机系统的安全、可靠。

5. 部分内部控制程序化

在电算化会计系统中，由于会计信息由计算机集中处理，手工会计系统中原有的某些分离和控制已失去了意义，要代之以新的控制。电算化系统的内部控制包括了许多建立在系统应用程序中、由计算机执行的控制。这些程序化的内部控制包括对系统调用的限制，由计算机执行的各种检验、核对、判断和监控。这些程序化的控制对提高电算化会计系统的安全性、可靠性是有效的。当然，除了程序化的控制外，电算化会计系统的内部控制还包括一部分手工的控制。

（四）电算化会计信息系统的建立使会计工作产生的变化

计算机在会计中的应用，提高了会计数据的精确性和及时性，扩展了会计数据的领域，为充分发挥会计的作用创造了有利条件，特别是在数据处理和内部控制等方面，与手工会计信息系统相比发生了较大的变化，具体表现在以下几点：

（1）会计组织结构的变化。在手工会计信息系统情况下，会计组织内部通常划分成许多不同的职能部门，如工资核算组、货币结算组、原材料核算组、成本核算组等。实行会计电算化后，原来的一些组织会消失，取而代之的是一些新的组织，如数据准备组、数据处理组、档案管理组、财务管理组等。这些新的组织各有各的任务，当然这些组织的建立，适合于会计核算工作基本上由计算机来完成的企业。计算机处理业务不多的企业，会计部门组织机构一般不做大的调整，可根据具体情况，适当设置相应的职能部门。

（2）会计程序的变化。手工会计信息系统是通过凭证、账簿和报表的形式对会计信息进行处理，在电算化会计信息系统中，会计信息的整个处理过程分为输入、处理和输出三个环节，其控制的重点是在输入这个环节，从输入会计凭证到输出会计报表，一气呵成，一切中间过程都在机内操作进行，是肉眼看不见的，而需要的任何中间资料，都可以通过查询取得。

（3）会计信息系统内部控制的变化。与手工会计信息系统相比较，电算化会计信息系统中的内部控制出现了很大变化，如在内部控制制度方面，原来的总账、明细账与日记账间的牵制制度已不复存在，取而代之的是计算机操作程序修改等控制制度，最为显著的变化是由于计算机系统工作的集中性和连贯性，在手工会计信息系统中发挥重要作用的一些职责的分离已经消失。但这并不意味着职责分离这一内部控制的基本形式已经不再发挥作用，而是在会计电算化信息系统中控制的界限发生了变化。